北京市哲学社会科学"十一五"规划项目

儿童生态道德教育丛书

U0735165

# 儿童生态道德教育实践指导

ERTONG SHENGTAIDAODE JIAOYUSHIJIANZHIDAO

中国儿童中心 编

北京师范大学出版集团
BEIJING NORMAL UNIVERSITY PUBLISHING GROUP
北京师范大学出版社

**图书在版编目（CIP）数据**

儿童生态道德教育实践指导／中国儿童中心编.—北京：北京师范大学出版社，2011.11
ISBN 978-7-303-13358-1

Ⅰ．①儿…　Ⅱ．①中…　Ⅲ．①环境保护－儿童教育
Ⅳ．① G621

中国版本图书馆 CIP 数据核字(2011)第 171618 号

出版发行：北京师范大学出版社 www.bnup.com.cn
　　　　　北京新街口外大街 19 号
　　　　　邮政编码：100875
印　　刷：北京中印联印务有限公司
经　　销：全国新华书店
开　　本：170 mm × 230 mm
印　　张：10.5
字　　数：156 千字
版　　次：2011 年 11 月第 1 版
印　　次：2011 年 11 月第 1 次印刷
定　　价：22.00 元

策划编辑：倪　花　　　　责任编辑：谭苗苗
美术编辑：王　蕊　　　　装帧设计：张同龙　丁道勇
责任校对：李　菌　　　　责任印制：李　啸

# 《儿童生态道德教育丛书》编委会

# 《儿童生态道德教育实践指导》编委会

# 儿童生态道德教育
## 实践指导——是什么以及怎么做

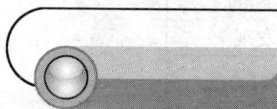

## 编者的话

　　按照整个地球是一个相互依赖的生态系统的观点，我们每个人都是其中一分子，我们是其他"生物"的环境。这是我们所提出的生态道德的基础，由此思量人与生态圈（自然）的关系准则。

　　人与自然的关系是世纪之交的一个重大问题。整个世界都在为此思考和行动。我们也能看到其间儿童的身影。遗憾的是，"在环境运动中，儿童参与大型、肤浅和短期的'拯救地球'的行动屡见不鲜"；"太多的儿童只是在天真的鹦鹉学舌式地照搬别人的环境议程，而这些东西与自己的经历毫不相干"。

　　毫不相干的事情能使得儿童长期关注，能够激发起儿童持久的情感和行为进而形成某种品德吗？

　　我们看到的儿童进行生态环境活动的例子不计其数：废物回收利用、绿色购物、植树种花……现在我们需要用更加批判的眼光来看待儿童活动的过程，认真思考这些活动对于儿童成长的意义。

　　怎样进行儿童生态道德教育的活动和实践？这是一个需要不断在实践中探索和发现的问题。不过从大量成功实践的案例以及儿童发展研究的成果来看，我们需要贴近儿童生活的环境，引导儿童独立地思考，真实地参与，主动地探索和发现，进而意识和了解生态全球性的问题，学习"生态"相关知识和方法，激发情感，养成行为习惯。这不仅是"只有一个地球"的绿色希望，也是倡导生态文明建设的今天，儿童综合素质养成、全面发展的需要。

因此我们提出的儿童生态道德教育：

●要尊重儿童发展规律，体现儿童参与；

●要关注与儿童生活和学习相关的生态环境问题；

●要包含多角度、多形式、多主题的儿童体验、探索与发现。

儿童生态
道德教育

| 多角度、多形式、多主题的 儿童体验、探索与发现 |
| :---: |
| 与儿童生活和学习相关的生态环境问题 |
| 尊重儿童发展规律，体现儿童参与 |

因此，这不是一本"菜谱"式的手册，我们提供了一种思路和途径，但没有标准格式。

本手册主要针对学龄期 7～14 岁的儿童，分为以下四个章节：

第一章　我们的目标，阐述儿童生态道德教育的培养目标，思考如何为儿童生态教育活动设立长远的道德培养目标。

第二章　行动的理念，了解什么是儿童参与，理解和思考有效的儿童参与的特征和水平。

第三章　行动的途径，学习"行动研究"在儿童生态道德教育实践中的路径方法。

第四章　我们的行动，以开展儿童生态道德教育活动常用形式和主题，介绍典型活动案例。帮助大家在实践中运用和借鉴。

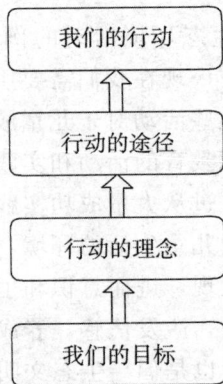

```
          ┌─────────────┐
          │  我们的行动  │
          └─────────────┘
                 ⬆
          ┌─────────────┐
          │  行动的途径  │
          └─────────────┘
                 ⬆
          ┌─────────────┐
          │  行动的理念  │
          └─────────────┘
                 ⬆
          ┌─────────────┐
          │  我们的目标  │
          └─────────────┘
```

# >>>>> 目 录 ●●●

# 第一章　我们的目标——儿童道德的发展

从这里，我们踏上了儿童生态道德教育实践的探索之旅。在这一章中，我们要认识儿童生态道德教育是什么，了解和思考我们做这件事的目标。目标即终点，也是我们的起点。

## 一、儿童生态道德教育是什么

尽管生态道德教育不是新出炉的词汇，但似乎也难寻一个准确、全面的权威定义。你可以尝试给出你的答案：

_____

_____

_____

实际上，大家对生态道德教育的认识模棱两可，回答往往在环境教育、道德培养间游走。生态道德教育可以借力于环境教育，但它不是环境教育；它包含了可持续发展教育的意义，但也不是可持续发展教育；它是道德品质的养成，但不是传统意义的道德范畴。

传统的道德可以称为"人际道德"，主要涉及人与人之间的关系，而生态道德则将人与自然的关系纳入到道德调整的领域，通俗地讲就是人类在调节自身与自然的关系过程中应遵循的行为规范和准则。

我们提出的"儿童生态道德教育"：是从"人是整体生态系统中的一部分"这个视角出发，对儿童进行的带有"生态特点"的系列教育活动，目的是培养儿童综合的生态道德素养。从本质上看，生态道德教育是一种道德教育活动。

# 二、儿童生态道德教育的目标是什么

① **什么是短期目标与长期目标**

试问"儿童生态道德教育的目标"时，您会做何回答：

_____

_____

_____

您的答案可能会是：

● 增长生态知识和能力

● 热爱自然、保护环境

● 培养好的生态品质

● 生态文明建设

这些答案无论是源于一个成年人的经验还是理性思辨，最终应该会落在"培养具有某种品质的人"上。

那究竟培养怎样品质的人呢？也就是说，什么是我们所要追求的目标？

请设想：假设您组织孩子们进行一次拾垃圾活动。

您希望孩子们完成什么事情？或者说，这次活动的目标是什么？

_____

_____

_____

下面或许是您这次活动的目标：

● 学生们要听指挥，别出安全问题

● 将垃圾清理干净

● 学生们认识到垃圾对人类的危害，学会一些垃圾分类的原理

● 完成上级交办的任务

以上这些我们可以称之为短期目标，或叫近期目标。

我们几乎每天都在为这样那样的短期目标奔波和努力。而常常忘记我们真正想要达到的目标。

再比如，您可能常要求您的学生：

- 错题抄上十遍
- 马上就停止打闹
- 明天起不许带零食来学校
- 不要浪费纸张
- 做一次环保调查
- 做一件环保小事

请设想：您的学生成年以后，您希望他（她）是怎样的一个人？

下面是否是您的目标：

- 富有爱心
- 具有基本的或是更为优秀丰富的生活知识和技能
- 富有责任感
- 懂得并享有幸福感
- 热爱自然、热爱和平

这些就是长远目标。长远目标就是您希望学生成年后能成为一个怎样的人，而这是我们真正的目的。

儿童生态道德教育的目标：从童年开始培养，促进儿童良好生态品德及行为的养成。即在对待"人与自然"的关系问题上，能够不断认识人与生态环境的关系，不断增进和掌握相关知识与能力，形成相应的情感态度与价值观，并具有相应稳定的行为。

尽管生态道德的相关研究和活动实践中，我们还不能"拿到"一套系统而通用的目标培养体系来操作。但是正是相关的成绩帮助我们认识这个问题，下面是我们尝试提出的几个生态好品质，但是关于这个问题的充实和发展仍需在我们的实践中去丰富和完善。

生态好品质：

- 学习和探索：向自然学习，不断了解和探究自然的奥妙和规律，发现和构建人与自然的关系。
- 尊重和平等：尊重生命，对待自然采取公正和平等的态度。
- 自律和节俭：反思人类的发展与生活，节约资源，简约生活。
- 关怀和保护：关心生态环境的变化和发展，承担起保护生态、优化环境的责任。

> 尊重自然的好品质分为一般美德和特殊美德。一般美德又包含道德力量和道德关切。道德力量由正直、诚实、忍耐、勇敢、自制、公正、坚定和勇担责任八种基本成分组成；道德关切由仁爱、怜悯、同情和关怀四种基本成分组成。特殊美德是体谅、尊重和公允、诚信、公正和公平。
>
> ——保罗·泰勒（Taylor，1986，pp. 198～218）《尊重自然》(*Respect for Nature*)

### ② 短期目标和长远目标有什么不同

我们再来看刚才那个拾垃圾的活动：

把学生组织到校门外大街上；宣布好相关要求，告知注意事项；学生分组开始活动；活动结束，街道干净不少；组织学生进行活动总结，讨论了一下垃圾分类及对人类生活的危害等问题；

第二天放学时街道仍然很脏乱，但没有看到有学生自愿去拾垃圾。

在这个活动中，可能我们容易达到短期目标；而从长远目标——培养学生具备积极和稳定的生态情感、意识及行为来看，收效不大。

那么我们的长期目标如何才能实现？

您可能说通过几次活动，长期目标很难实现；很多的短期目标累加就能达成长期目标。

但我们需要思考：当我们带领孩子们为拾垃圾而拾垃圾，为完成工作而完成工作；当我们组织的活动只是出于我们自己的想象和计划，或方便或无奈时……这样可能只能完成短期目标，即使重复多次也只是简单的重复，不能接近长远成果。

确实我们需要同时兼顾短期和长期目标。但是要记住，短期目标只是一次次机会，一个个通道，它的意义和价值要落脚在长期目标。就像您有机会通过发脾气时的自控教给孩子如何处理自己的情绪，通过接纳一件坏事来告诉孩子如何面对困难一样。把每一个短期目标看成是通向长远目标的练习机会。

通过一个个短期目标，您有机会带领孩子，并教给他们：

在亲近自然，观察发现、体验探索生态环境的过程中，能够获得对生命的尊重和对自然的热爱；能够主动反思和调节自己的生活方式；能够关心和参与探索身边的环境问题。当一个个活动在朝着这个方向努力的时候，理想中的"与人类在生物圈中地位相协调的个人或社会的态度与行为"就应该不那么遥远了。

不过一个个短期目标，能够顺利通向长远目标，是需要我们用心的准备和努力的，通过我们如下的共同学习和训练，我们或许就能实现。

# 第二章　行动的理念——儿童参与

经过第一章的学习，我们了解了儿童生态道德教育的目标是促成儿童良好的生态道德品质的养成。这一章，我们要为行动作一些观念上的准备。

在儿童生态道德教育中，我们将儿童参与作为基本的行动理念。在下面的进展中，您将了解到什么是儿童参与，为什么它是行动的基础，思考实践中真正有效的儿童参与应该具备的特征。

## 一、什么是儿童参与

"参与"可以说是现代社会用语，用得最多的是社会参与和公众参与，社会参与是"……由社会各界采取的有组织的负责任的行动，目的在于解决共同的问题，促进发展"（UNICEF TACRO, 1998）。公众参与主要指公民试图影响公共政策和公共生活的一切活动。公众参与最主要的就是指公民参与国家的政治生活和政治决策。对于"儿童参与"，作为教师，您的理解是什么？下面的这些说法您是否同意？

- 有儿童参加的活动
- 不仅有儿童参加，儿童还应该有表达的机会和对过程和结果有影响力
- 让儿童独立地、自主地承担任务，完成工作

儿童参与是指儿童自由自愿地投入到表达观点、进行决策或实施行动以实现自身或其他儿童的利益并确保其权利的实现和保护。"儿童参与"首先涉及儿童要"到场"，其次是"到场后的角色"。

《联合国儿童权利公约》中规定的儿童享有的基本权利可以概括为四种：生存权、受保护权、发展权、参与权。参与权是指儿童享有参与家庭、文化和社会生活的权利。

缔约国应确保能够形成自己看法的儿童有权对影响儿童的一切事项自由发表自己的意见，对儿童的意见应按照其年龄和成熟程度给予适当的重视。

——《联合国儿童权利公约》第12条。

在生态项目中，我们提出的"儿童参与"，就是在针对儿童组织和实施的生态道德教育活动中，要体现和实现儿童参与。

我们在儿童生态道德教育中倡导和实践儿童参与，不仅仅是尊重和实现儿童的基本权利，也是儿童主动发展的需要。通过下面的学习，我们可以看到，有效的儿童参与，遵循着儿童发展的规律，体现着儿童的教育主体性，实践着儿童的主动发展。对于儿童道德品质的养成和发展，具有积极主动的建构作用。

**知识链接**
- 参与是儿童应当享有的基本权利之一
- 参与是儿童发展的需要和途径
  - 参与有利于儿童的社会化和良好人格的形成
  - 参与会使儿童产生自我效能感，增强儿童的自尊心
  - 参与可以培养儿童的生活技能，并能有效地进行自我保护
  - 有效的参与能够帮助儿童发展辩论、交流、协商、优先考虑和决策的技能
- 参与是培养民主精神所必需的
- 儿童参与能给社会提供有价值的贡献

# 二、什么是有效的儿童参与

在教育活动中如何能够引导儿童进行有效的参与，促进儿童在参与中的发展？

参考英国儿童救助会的《儿童参与的实践标准》，我们提出了生态

项目中儿童参与的两个基本原则。

原则一：平等。这是儿童参与的基础，也是一个伦理方针，避免在儿童参与的实践中，教师与儿童之间的权利、地位上的不平等。确保儿童在每一个环节都有平等参与的机会。

教师可以这样做：

- 要向儿童说明活动的源起和最终目标；与儿童一起明确活动的目的和具体目标；确保儿童参与活动的全程，并能够影响、参与活动方案的实施和评估等环节。
- 儿童都能自由地表达自己的想法和建议，并且能够得到尊重。
- 给每一个孩子提供平等的参与机会，更多地鼓励那些平时遭受歧视、忽视和排斥的儿童参与到活动中。
- 明确所有参与者（儿童和教师）的角色和责任。
- 儿童能够以适宜的方式获得并且学习与参与的活动有关的知识、技能及相关信息。
- 教师愿意倾听儿童的表达并能够向儿童学习。
- 机构和教师都要对儿童负责，切实履行对他们作出的承诺。

原则二：尊重。儿童参与的目的是帮助儿童了解和自己生活、学习以及成长有影响的相关事物，进而参与其中，从而促进其自我发展。在这个过程中，要尊重儿童发展规律，活动要依据儿童的兴趣及特点。参与要尊重儿童的选择，他们可以自行决定是否参与以及参与时间的长短。

教师可以这样做：

- 选取的活动与儿童兴趣和特点切实相关，并能在活动中进一步激发儿童的求知欲。
- 参与活动的儿童（儿童代表）的遴选要充分尊重儿童的意见。
- 儿童有充分的时间考虑他们是否愿意参与。
- 活动的方式和参与方法要考虑并尊重当地的特色和文化传统。
- 获得儿童生活、学习中重要他人（比如家长/其他监护人、学校教师）的支持，以确保儿童的参与获得广泛的鼓励和有效协助。
- 儿童知晓他们的参与产生了什么成果以及他们的意见和建议有什么样的结果。督导和评估过程也应该有儿童的参与。

上述两项基本原则，应该贯穿儿童参与的全过程。但值得一提的是，并非教师具备与儿童平等相处和尊重儿童的意愿就可以实现有效的儿童参与。对照"儿童参与的阶梯图"（见下图），您可以通过它来鉴别和比照：实践中的儿童参与到了哪级阶梯，属于怎样的参与程度。阶梯越往上说明儿童参与的层次水平越高，儿童参与的有效性也越强。

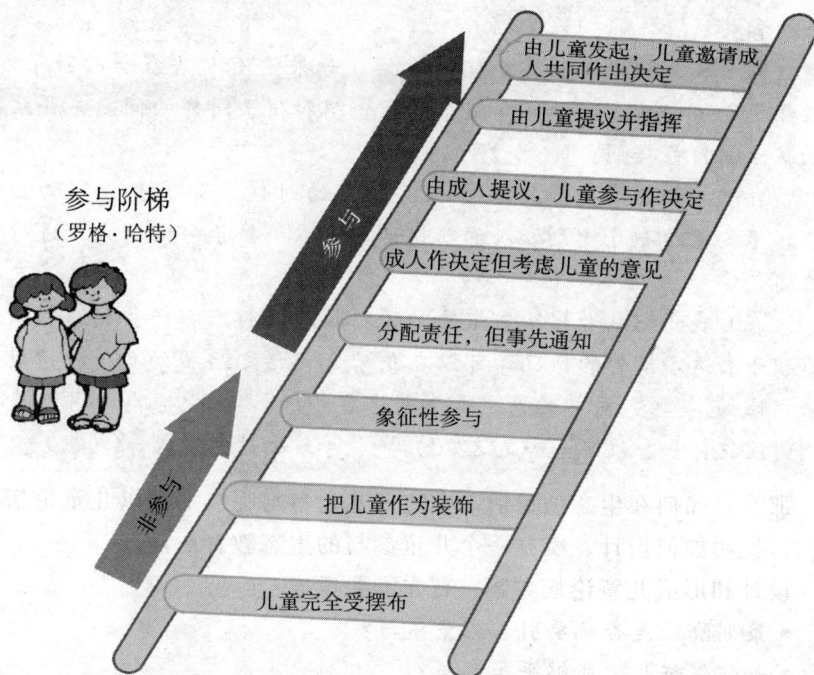

参与阶梯
（罗格·哈特）

参与

由儿童发起，儿童邀请成人共同作出决定

由儿童提议并指挥

由成人提议，儿童参与作决定

成人作决定但考虑儿童的意见

分配责任，但事先通知

象征性参与

非参与

把儿童作为装饰

儿童完全受摆布

从上图我们不难看出，随着阶梯的升高，成人对于儿童的控制越来越少，取而代之的是成人和儿童角色的变化：成人渐渐演变成为一个协助者的角色，而儿童逐渐成为行动的主体，影响力不断增强。

**小练习**

教师如何以平等和接纳的态度鼓励和帮助儿童参与。

儿童第一次参与时教师的态度，直接影响到儿童参与的积极性。教师平等的态度、尊重的语言行为可以帮助儿童放松、建立安全感和信任感，从而在今后的活动中保持积极的参与态度。

看看以下描述，如果符合这些条件，可以帮助儿童之间、儿童和教师之间相互熟悉，建立平等、宽松的合作氛围。

每一个孩子之间是否相互熟悉。（　　　）

每一个孩子是否熟悉这个环境。（　　　）

教师和孩子之间是否相互熟悉。（　　　）

教师就相互熟悉或者相互介绍提出的问题是否能够引起孩子的兴趣和关注。（　　　）

做自我介绍或者相互介绍的时候，如果没有自告奋勇的孩子，教师是否可以从自己开始介绍，并且介绍和孩子同样的问题，并鼓励孩子向自己提问。（　　　）

在孩子们做自我介绍或者相互介绍的时候，如果有羞涩的孩子，不要强迫孩子走到众人面前说话，可以用孩子习惯的方式进行表达。（　　　）

在自我介绍或者相互介绍的时候，教师不打断孩子说话，如果有孩子表达不清楚的情况，可以在孩子说完话之后帮助孩子澄清说法，比如，"××同学的意思是不是这样……""××同学刚才给我们讲了这样一个故事……是这样的吗？"等鼓励性的方式。（　　　）

那么，如何在生态项目活动中实现儿童参与呢？下面以儿童论坛为案例，说明如何设计、实施一个儿童参与的生态教育活动。

设计和形成儿童论坛方案，首先需要考虑：

● 策划阶段是否就要引入儿童参与？

● 如何保证儿童能够平等参与？

● 如何教会儿童参与？

● 是否能够尊重儿童的想法？

● 儿童的想法多少能够纳入计划中？

这些问题考虑清楚之后，可以按照如下流程设计儿童论坛[①]：

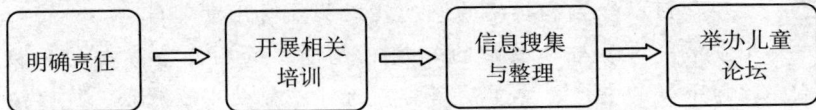

明确责任 ➡ 开展相关培训 ➡ 信息搜集与整理 ➡ 举办儿童论坛

---

① 参考《儿童论坛操作手册》编写，救助儿童会昆明办公室跨境反拐项目组编。

**第一步：**明确参加儿童论坛的不同人群的角色，以及各自在论坛准备阶段和论坛期间的工作和责任。

① **关于儿童**

**操作提示：**

儿童是论坛的组织者和参与者，为达到真正、有效的参与，儿童应全方位参与论坛的各个阶段——准备阶段、论坛期间、论坛后续行动，并在整个过程中互相协作，采集信息和建议，反映儿童心声。

| 儿童角色 | 定　位 |
| --- | --- |
| 访问者、访问对象、论坛代表 | 儿童是论坛的主体，既是问题的提出者、信息的搜集者，也是建议的提出者和实践活动的执行者。 |

② **关于教师和家长**

**操作提示：**

论坛是教师发起并引导的活动，但在儿童参与的原则下，教师仅作为协助儿童组织和参与论坛的人力资源，因而其主要角色是协助者。教师用知识和经验等为儿童营造一个参与的环境和平台，为儿童提供信息和建议，尽量用儿童能够理解的方式提供支持，事先可以组织生动有趣的活动以吸引和传播相关的知识和技能。

| 教师的角色 | 教师的工作 |
| --- | --- |
| 论坛主办者 | 负责论坛筹备和组织工作，负责协调参与论坛的各部门共同支持论坛的召开，承担论坛的管理者和技术支持者的任务。 |
| 活动管理者和技术支持者 | 具备儿童保护的知识，熟悉儿童论坛的操作，了解与论坛主题有关的背景和文献资料；<br>具有和儿童一起工作的经验并能够指导教师；<br>是论坛整个过程的策划者及技术支持者；<br>为儿童提供活动信息和相关资料，具体协助儿童进行信息采集和信息使用；<br>记录与儿童工作小组一起工作的心得，为儿童论坛积累经验；<br>作为论坛监督者，观察儿童在论坛期间的参与方式和参与程度，提出促进儿童参与的建议； |

续表

| 活动管理者和技术支持者 | 项目内部及外围的支持者，协助论坛会务工作及儿童小组讨论；<br><br>论坛期间代替儿童的父母/监护人承担儿童的安全、健康和快乐的责任，观察儿童在论坛期间的表现，在必要时，请求其他成员的帮助；<br><br>为儿童代表准备参加儿童论坛的证书。 |
|---|---|
| 家长的角色 | 家长的工作 |
| 论坛支持者 | 对儿童参加论坛有知晓权和同意权，清楚儿童论坛的相关事宜，打消顾虑，支持儿童开展社区调查、社区倡导，参加儿童论坛。 |

**第二步：开展相关培训。**

① **面向教师的培训（如果有必要）**

目的：

● 理解并接受儿童发展、儿童参与的理念。

● 掌握一定的协助儿童开展工作的技巧。

● 了解论坛所要达到的目标及教师作为协助者的工作责任。

原则：

● 赞赏原则。

● 学习原则。

主要内容：

● 儿童不同阶段发展的特点。

● 儿童的参与及参与的不同层次。

● 儿童能够参与和组织论坛、有责任地行使权利。儿童在其中能够：

　○ 获得和发现信息；

　○ 找出问题；

　○ 分析问题；

　○ 判断问题；

　○ 优选问题；

　○ 表达对问题的看法，其建议得到尊重；

　○ 解决问题。

- 指导儿童参与的技巧，比如如何调动儿童情绪、如何让更多的儿童发言、如何引导儿童开展小组讨论等。

### ② 面向儿童的培训

目的：

- 理解并接受儿童参与的理念。
- 了解环境教育、生态教育的基本知识和理念。
- 明确责任和任务。

原则：

- 激励原则。

主要内容：

- 儿童参与的理念。
- 儿童论坛的背景、目的。
- 制定在会场、住宿、餐饮、楼道/电梯等公共场所应遵守的行为规则。
- 明确责任，学会分享与合作的工作技巧。
- 资料搜集和整理技巧。

**第三步**：儿童进行信息搜集和整理。

目的：

- 儿童通过信息采集来准备参加儿童论坛的相关材料。
- 为儿童采集信息营造内部和外部的支持性环境。

原则：

- 协助原则：为儿童提供服务和支持，与儿童一起制订采集信息的计划并协助实施。
- 保密原则：儿童的身份和他们提供的信息都应该是保密的。只有在征得他们同意的前提下，才能与其他人交流儿童的信息，并确保信息交流不会使儿童陷入困境和危险中。
- 参与原则：坚持儿童的全过程参与原则（交给儿童、儿童主导、教师协助），坚持选择和选举最适合儿童而非最优秀儿童的原则。
- 创新性原则：拓宽视野，不拘泥于环境保护问题，全面展示生态环境中和谐共处的相关因素、理念和做法，以及通过项目活动给儿童带来的变化和启示。

主要内容：

● 协助儿童通过问卷、观察、访谈等形式搜集信息。

● 协助儿童整理采集到的信息，选择出适宜的问题，注意凸显区域特色。

● 彰显儿童的发现与思考。

**第四步：举办儿童论坛。**

目的：

● 为儿童提供一个有形的平台，使他们能够与有关机构、公众和高层官员交流意见，分享对环境问题的看法、经验，拓宽视野。

● 通过论坛期间的活动设计，培养儿童组织、开展活动的能力，提高儿童参与度，培养儿童的责任感和使命感。

● 使更多的儿童参与到生态项目中来。

原则：

● 儿童主导和参与原则。

● 儿童权利与责任对等原则。

● 平等与尊重原则。

主要工作流程：

布置会场 → 信息展示 → 分组讨论 → 论坛产出 → 制订行动计划

① **布置会场**

● 会场布置涉及儿童和成人（包括教师、相关机构的代表、媒体人员等）的位置，以及论坛介绍、活动记录展板和信息发布栏的安排。

● 作为儿童主导、组织和参与的论坛，会场以儿童代表位置为中心，呈半圆形，便于儿童进行动态的信息展示和观看。

● 各个不同角色的成人（包括教师、媒体人员等）分列两侧，陪同、项目执行者、新闻记者位于后方；静态的信息展示和信息发布栏则可充分利用会场墙体。

●营造儿童友好氛围：

◎ 项目活动和儿童信息采集过程的图片、文字、成果的静态展示，可以从侧面活跃论坛气氛，不仅增加儿童和成人交流的机会，也使儿童置身于他们曾经经历的场景中，有益于儿童对项目的回顾和信息的使用。

◎ 教师和其他成人位于会场外围倾听和观察，会使儿童更愿意说出他们的想法。而一旦儿童需要支持和帮助，教师和专家可以随时给予支持。

## ② 信息展示

**操作提示：**

专家根据生态项目活动的具体目标和方法——观察、体验、学习、搜集并分析信息等环节分类集中安排儿童代表所展示的信息，使儿童能在一定的时段内就不同的专题展示并讨论，同时，使儿童能够理解生态教育对未来发展的影响。

| 儿童工作 | 教师工作 |
| --- | --- |
| 确认所要展示的信息。 | 整理"儿童信息展示表"，根据展示节目内容穿插安排。 |
| 作好展示准备。 | 根据论坛不同时段的时间与信息安排展示。 |

## ③ 分组讨论

**操作提示：**

为了让儿童代表从"信息展示"环节更快地进入环境问题的思考和讨论，学会从得到的信息中整理、归纳、分析问题，提高思维的深度和广度，在每次展示之后的分小组讨论需要采取不同的分组方式和不同的讨论题目，遵循认识过程"层层深入、抽丝剥茧"的逻辑，使儿童从自己熟悉的场景、节目展示的信息入手，由浅入深、逐步进入理性分析层面，循序渐进提出自己的独立见解；

专家提前整理回收的"儿童信息展示表"和"儿童代表信息表"，完成按年龄、性别、角色扮演、儿童所代表地域的分类表，以便及时对儿童小组讨论进行分组，使论坛能较全面地搜集不同年龄、性别、地域的儿童对同一问题的不同看法，为拟定主题清单和倡议书作准备；

上述分组方式可以在同一时段的讨论中同时使用或交叉使用，讨论主题同样如此，教师可以根据实际情况灵活掌握；

协助者提醒儿童在小组讨论中反映和使用前期信息采集中的发现、个人思考和建议。

续表

| 儿童工作 | 教师工作 |
|---|---|
| 讨论主题 | 分组标准 |
| 从刚才的信息展示中，我看到了什么？听到了什么？我能做什么？ | 按年龄段和性别分组。 |
| 站在不同的立场——政府、社区、学校、家长、儿童，给出儿童自己的建议：<br>刚才看到的信息反映了什么样的问题？<br>怎么解决？ | 按角色扮演分组，给出所代表角色的解决建议：<br>如果我是政府工作人员；<br>如果我是社区工作人员；<br>如果我是学校校长和教师；<br>如果我是家长；<br>如果我是儿童。 |
| 站在各类儿童的立场：<br>讨论这些问题的解决儿童需要什么部门/人群给予什么样的帮助。 | 按扮演角色分组，可以按照前期信息采集中发现的问题类型分组。 |
| 站在个人的角度：<br>我如何参与到生态保护宣传工作中？<br>我如何参与到生态保护实践工作中？<br>儿童活动场所如何为环境保护的实践提供支持？ | 按照儿童代表的区域分组，使儿童在熟悉的群体里面对自己区域可能存在的问题展开讨论，得出的答案和建议更为具体和可行。 |

**④ 论坛产出**

操作提示：

教师协助儿童整理、归纳主题清单；

协助儿童完成倡议书；

主题清单提前分发给参加对话的成年人（如政府官员等），以便他们回答儿童提出的问题时更有针对性。

| 儿童工作 | 教师工作 |
|---|---|
| 梳理主题清单 | |

续表

| | |
|---|---|
| 从前期采集到的信息资料和论坛期间的每日记录中发现和完成；<br><br>在所有儿童代表认真讨论的基础上产生，是儿童代表尝试解决问题而提出的初步措施；<br><br>对前期信息和儿童讨论结果分别按一定的主题归类。 | 协助完成主题清单：<br><br>提供前期收集整理的信息资料；<br><br>协助每日记录的整理和分类；<br><br>建议按每日记录分类，完成主题清单。 |
| 聚焦主题 ||
| 使问题更为集中和具有代表性；<br><br>反映自己和所代表地域儿童的心声；<br><br>儿童在主题清单和焦点主题基础上思考与相关机构代表对话的问题。 | 协助儿童从主题清单中选择和提炼焦点主题：<br><br>根据最有影响力、最重要和最严重三个条件优选；<br><br>论坛主题不宜设定太多，关键在于儿童要参与到论坛的讨论和决策过程中，还必须有足够的时间放松；<br><br>根据儿童关注的问题和想要得到的建议选择；<br><br>根据安排的对话时间和儿童人数控制；<br><br>根据对话中所涉及的政府相关部门及来宾身份确定。 |
| 完成倡议书 ||
| 儿童工作小组完成倡议书；<br><br>在主题清单、焦点主题和对话结果中形成倡议书。 | 明确儿童在有关他们的发展事务中应是积极的、有贡献的参与者而非被动的接受者；<br><br>多鼓励儿童参与到活动中来，尝试各种不同的方式的参与；<br><br>协助儿童代表完成儿童论坛倡议书；<br><br>充分利用媒体的宣传优势，对论坛全过程进行跟踪报道、宣传，扩大社会影响。 |
| 与相关机构人员（政府官员或者对问题解决有影响力的成年人）的对话 ||

续表

| | 安排论坛准备过程中的精彩时刻回放，使参与对话的成年人从侧面了解儿童论坛的操作方式； |
|---|---|
| 清晰地阐述焦点主题；<br>营造轻松的对话气氛；<br>担任论坛主持的儿童要注意使更多的儿童可以有与高官对话的机会。 | 在回访时要使成人看到儿童对环境问题的需求和建议；<br>儿童的参与应该是在相互尊重、相互理解的气氛中进行，但是也要帮助儿童明白儿童论坛的目的是交流学习经验、反映需求和问题，并不是所有讨论的问题都能在讨论和对话中得到满意的答案和得到解决。同时也要明白合适的交流与对话方式对问题得到倾听和反馈是有积极作用的。 |

### ⑤ 制订具有儿童视角的儿童行动计划

**操作提示：**

　　教师协助儿童对论坛重点过程进行回顾，使儿童的行动计划能具体可行，并成为以儿童为主导并与儿童能力相适应的计划；

　　教师帮助儿童了解项目总目标，制订与项目目标一致的行动计划。

| 儿童工作 | 教师工作 |
|---|---|
| 儿童以地域为单位，制订具有倡导性质的儿童行动计划。 | 协助儿童回顾论坛的几个重要过程，并完成行动计划，包括倡议书内容的详细说明和解读。 |
| 从儿童视角出发制订的儿童行动计划应该结合自己所在社区和儿童中心制订的适合儿童的、简洁可行易操作的行动计划，例如，也可以让儿童以小记者的身份对核心问题进行采访；<br>支持性环境的建设可以考虑在论坛的基础上为儿童论坛的儿童代表们共同讨论出来的一些成果出专刊，或是以《社区儿童报》形式刊发儿童在倡导过程中的感想、社区发现、问题反映等，以媒体宣传形式得到社区的了解和支持，增强儿童的自豪感。 | 关注成人在儿童倡导过程中态度的变化，以及如何营造支持性的儿童参与氛围；<br>成人与儿童都应该逐渐清楚"参与"不能生硬理解为"某一想法、建议、行动促使了政策的改变"，而是儿童能够有机会参与到发现问题、探求问题解决方法，并有机会尝试解决问题的过程。论坛的成果与儿童的思考，对促进儿童参与、增强儿童的社会责任感有积极作用。 |

通过上面的学习，我们可以尝试总结出体现儿童参与的生态道德教育活动的特征，真正有效的儿童参与的生态道德教育活动应该是：

- 主题与儿童自身的特点和兴趣相关的。
- 儿童的日常生活经验可以联系起来。
- 教师或其他成人要对儿童参与始终表现出充分的平等和尊重的态度。
- 儿童有充分表达的机会和适宜的表达渠道，让孩子们看到他们的表达有回应和影响力。
- 活动要对儿童有影响，儿童的情感和行为发生了某些变化。

> **知识链接**
>
> 促进儿童参与需要：
>
> - 一个稳定的较长的时段：持续、公开、透明
> - 一个稳定的教师支持团队和一个经过时间和实践经验筛选出的相对稳定和愿意投入的儿童小组/团体
> - 在整个活动过程中，建立相互间尊重、信任和平等的合作伙伴关系至关重要
>
> 儿童参与的主要挑战（教师的顾虑）：
>
> - 对成人权威的挑战
> - 孩子还没有判断是非的能力，是不会有自己的正确看法的
> - 儿童的表达就是做做样子，真正的呈现还是需要老师来概括和浓缩才能拿得出来给大家看

# 第三章　行动的途径——儿童生态道德教育中的"行动研究"

通过上面的学习，儿童参与的理念不仅赋予我们做教育活动时一双关注儿童权利的眼睛，也让我们换一个角度学习和了解"教育活动"所提倡的儿童为主体的学习——即在学习过程、环境、评价中如何尊重和休现儿童的主体和能动性。那么一个教育活动，特别是以环境教育为内容、道德目标为指向的教育活动在实践中如何操作，就是本章的内容。

生态道德教育的方法，可分为传递信息为主的方法以及解决问题为主的方法。这里我们以问题解决为导向，用行动研究的思路，同大家一起思考和探讨教师如何带领着儿童（教师是引导者和组织者），从发现问题开始，形成方案和进行实施，反思和评估，形成成果，最终影响进行儿童生态道德教育实践。我们认为，"行动研究"的理念和方法路径，容易创造一个教师带领儿童进行实践、体验和研究的过程和情境，儿童从中能够有更多的机会以审视的、发现的、批评的眼光看待身边的环境问题并开展行动，这个过程赋予儿童更多的主动发展，让儿童的认知、情感和行为能够在真实的情境和活动中受到影响，从而实现其生态道德综合素养的提高。当然我们要注意，在实际的教育活动中，往往是许多方法交错并用的，只是就其目的而言有主次之分。

| 教学中的常见方法、策略与技术 | |
|---|---|
| **常见方法** | **说　明** |
| 传递的方法 | 　　这种方法的特点是将事实、概念、规则等直接传递给学生。用这种方法的教师，其意图是直接给学生施加影响。 |
| 问题解决的方法 | 　　这种方法包括问题解决、意义检查、观察、事实和概念的探索等。使用这种方法的教师，其意图是希望学生学会处理问题，能够学会归纳或演绎的思考方法。 |
| **常见策略** | **说　明** |
| 启发 | 　　平常所说的"启发法"的关键，是在教学中注意调动学习者的积极性，教师不急于给出确定的信息、规则、结论。这是许多不同教育策略的特征。因此，在"启发法"的应用过程中，应考虑到多种具体的技术，形成明确的策略，例如：演说—讨论、角色扮演—口头报告的技术序列。 |
| 灌输 | 　　平常所说的"灌输法"的关键，是在教学过程中不考虑学习者的学习动机和认识基础，直接由教师给出答案。这是许多不同技术组合系列的特征。因此，"灌输法"可能应用到多种技术，形成不同的策略，例如：演说—小组学习—口头报告。 |
| **常见技术** | **说　明** |
| 演说 | 　　以一种熟练的、有计划的方式进行的口语表达。演说技术可以很方便地呈现信息，包含教师自己的思考过程。在教育工作中，演说几乎可以认为是最重要的一种技术，为了完成介绍、概括、分析等工作，教师经常使用该技术。 |
| 小组学习 | 　　按照一定的标准，将班级区分为多个小组。每个学生都隶属于某个小组，以此增强学生对学习活动的参与和贡献，并最终促进学生学习。这里描述的技术，即分组技术。通过分组，学生可以主动参与到课堂活动中来。 |
| 角色扮演 | 　　鼓励学生通过在某个事件、某种情感中进行学习，这种技术就是通常所用的角色扮演。这种技术，可以强迫学生以积极主动地方式参与到所学内容的背景中去。提供了某种活跃的情境，学生要想完成角色扮演，就需要对情境进行解读，并在此过程中获得情感、态度等方面的体验。 |

续表

| 常见技术 | 说　明 |
|---|---|
| 口头汇报 | 　　要求学生口头就某个主题做出报告。这种技术，可以提供给学生在全班面前锻炼口语表达的机会。口头汇报技术，可以是针对一些教师明确规定好的主题，也可以是教师即兴要求学生报告自己的生活经验等。 |
| 辩论 | 　　这种技术可以鼓励学生应用所学的知识。同时，它也可以帮助学生发展辩论的相关技能。辩论可能包含正式的方式，也可能采用非正式的方式。世纪教育教学中，多数教师更多应用非正式的辩论。这种技术要求学生为自己的立场作辩护，其意图是教会学生进行正式的议论。 |

## 一、什么是"行动研究"

如果您来给"行动研究"作个解释，可能会有下面的回答：

● 在行动中研究

● 为了行动而研究

● 研究行动

其实这三点确实都可以被包含在行动研究的概念里。"行动研究"最早出现在美国20世纪40年代，一位州长在致力于改善与当地印第安人关系时用到的工作方法——印第安人与研究者一同工作和思考，一起面对问题和改进工作，由此提出"行动研究"的概念。

　　1945年寇勒（J. Coller）在研究改善印第安人与非印第安人之间的关系时提出此概念，认为研究的结果应该为实践者服务，应鼓励实践者参与研究，在行动中解决自身的问题。

　　1940年美国心理学家勒温与其学生在对不同人种间的人际关系进行研究时，他们与犹太人和黑人合作进行研究，实践者以研究者的姿态参与到研究之中，积极地对自己的境遇进行反思，力图改变自己的现状，1946年他将这种结合了实践者智慧和能力的研究称为"行动研究"。

王思斌则将之定义为是局内人（研究者和传统意义上的被研究者）以共同的实践活动为载体的自我反省式研究，或者说，是由实践者进行的、通过实践并为了改进实践活动以求得更好效果的研究活动（《社会工作概论》）。

我们总结了行动研究的三个特点，以加强对它的认识和了解。

- 实践者的平等参与。研究者与传统意义上的被研究者合二为一，成为研究主体。宗旨是解放那些传统意义上被研究的"他人"，使其自己对自己进行研究，通过自己面对问题、思考、研究，找到解决问题的答案。研究的动力来源于实践者自身，研究的手段、方法也是共同选择的，还要特别重视实践者的经验。

- 研究结果的应用性。行动研究是建立在"实践中的有效改变"这一信念之上的。注重研究结果的实践性表现在它是从现实的实践出发去推进研究。即研究的问题应起源于参与者（实践者）的日常生活和工作，其目的必是为了改善自己的工作和生活。研究结果能直接应用于对待和处理问题，而不只是对社会现实进行描述。

- 研究中的批判与反思性。行动研究的目标取向是自我批判性和建设性的，强调以理论的批判和意识的启蒙来引发和改进行动。实践者一方面可以"在行动中反思"，使其不会脱离实践，将反思后的决定转化为行动，在行动中推进自己对事物的探究；另一方面可"对行动进行反思"，即把自己抽离行动，对自身行动进行反思，把"内隐的知识"（既有思维模式）外显出来，这样可增加参与者分析和重组知识的能力，有利于实践的推进，有利于保证行动研究的科学性。

由此可见，"行动研究"突出了实践者在研究中的主体地位，关注和研究的是实践者关注和要解决的问题，是实践者（自己或者同研究者一起）为解决实践问题的一系列主动的、反思建设型的行动过程，可以说其来源于实践，在实践中服务于实践。

学者勒温将行动研究描述成一个螺旋状逐步行进的过程，包括计划、发现事实、监察、实施、评价等步骤。后被学者们明确归纳为"计划—行动—观察—反思—计划"的循环。

想想在我们日常的工作和生活中，是否有意无意地已经做过或者正在做着"行动研究"。比如，一位科学教师为了培养学生对科学的兴趣，先是给学生们讲科学的重要性以及科学家故事，后来觉得效果不够好又带着学生观察、做实验等。尽管这位教师不一定意识到自己做着"行动研究"，也不一定会写就一篇行动研究的报告，但这位教师正是为着"培养和提高学生对科学的兴趣"这一问题，做着他的"行动研究"。有意识的"行动研究"——让我们更好地成为自己行为的主导者、有意识者和有效率者。

# 二、什么是儿童生态道德教育中的 "行动研究"

在对"行动研究"有了基本的认识后，来看一看我们所提倡的儿童生态道德教育中的"行动研究"是怎样一回事。

儿童生态道德教育中的"行动研究"，就是在儿童生态道德教育中，为培养儿童生态道德素养，运用"行动研究"的思路和方法，教师带领学生进行针对于生态环境问题的教育活动。这个活动具有"行动研究"特点，但其目标指向是为促进儿童生态道德品质的养成和提高。它具有以下几个特点。

- 赋权是基础。儿童是活动的主体，活动要体现儿童的全程参与，就像行动研究中实践者即是问题的研究者一样，从一开始，生态道德教育活动的主题是从儿童来的，是在教师的帮助和指导下，聚集于"儿童的问题"而形成的。

- "行动研究"的方法是路径。运用并遵循行动研究的方法和步骤，一个儿童生态道德教育活动在路径上也是一个系统的、不断循环上升的过程。我们概括为发现问题和形成方案——实施和反思调整——评估和形成成果。

- 道德是目标。或许实践行动中使用的主题不是一个明确的"道德"主题，它可能看起来更像是关于生态的主题，如"水的保护""低碳生活"等，但是经过一个完整的行动过程后，作为教师，我们关注的是儿童生态道德方面的变化与发展，这是我们进行实践活动的内在核心主题。可以说，儿童是在教师的指导下用行动研究的方法针对选取的生态主题进行实践活动，但儿童生态道德方面的发展和变化是教师在这个过程中以及活动后要关注的真正核心目标。

# 三、儿童生态道德教育活动中的"行动研究"怎么做

就儿童生态道德教育的实践活动，如何运用行动研究的工作思路，完成"发现问题和形成方案——实施和反思调整——评估和形成成果"这样一个完整的过程。

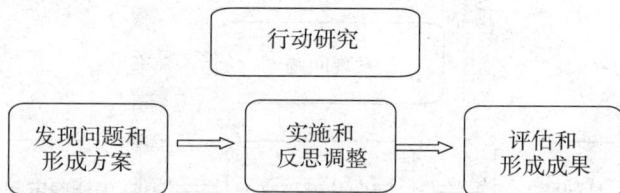

```
                    ┌──────────────┐
                    │   行动研究    │
                    └──────────────┘

┌──────────┐      ┌──────────┐      ┌──────────┐
│ 发现问题和 │ ───→ │ 实施和    │ ───→ │ 评估和    │
│ 形成方案   │      │ 反思调整  │      │ 形成成果  │
└──────────┘      └──────────┘      └──────────┘
```

让我们来共同完成一次儿童生态道德教育活动的"行动研究"之旅吧。

**一、发现问题和形成方案**

（一）发现问题

一个好的问题是组织和开展活动的关键。那么，一个好的选题具有什么样的特征？好的选题又是从哪里来的呢？

---

**思　考**

如果学校让您策划一次儿童生态道德教育主题活动，那么，活动的主题是从哪里来的？

● 翻阅书籍、文献或搜索网络，看看现在哪些问题最受关注。

● 与其他教师交流，听听他们的建议。

● 与环保人士交流，听听他们的建议。

● 访谈一些学生，看他们最关注的是哪些问题。

● _____

● _____

● _____

---

以上是很多教师常用的选择问题的方式，分析这些选择问题的方式，我们发现其中有一个共同的特点——问题选择的过程是以教师为主导的，学生没有参与，或很少参与问题选择的过程。

儿童参与生态道德教育活动，强调活动的全过程都是由儿童主导、儿童发起和决策的，教师则扮演指导者、协助者和推动者的角色。因此，我们不妨换个思路，让儿童参与问题的选择。而教师则创造各种机会，营造公平、平等的氛围，促进儿童的积极主动参与。

好的选题是由教师引导，儿童自己发现和提出的。

我们认为，儿童参与视角下的问题提出与确定的过程应当是教师带领儿童一起思考和经历以下过程：

```
              ┌─────────────────┐
              │     发现问题      │
              └─────────────────┘

┌─────────────┐    ┌─────────────┐    ┌─────────────┐
│  什么是问题？  │ ⇒ │ 问题从哪里来？ │ ⇒ │ 怎样确定问题？ │
└─────────────┘    └─────────────┘    └─────────────┘
```

**1. 什么是问题？**

在儿童提出问题之前，教师应该为儿童能够发现问题作一些相应的准备，比如，提供活动以及生态道德方面的背景知识。

第一，教师首先需要让儿童了解这项生态道德教育活动的历史背景，包括：

● 谁提出的这个活动？

● 为什么要做这个活动？

● 活动的目的是什么？

● 活动的最终成果有哪些？

● 活动可能产生的影响效果是什么？

通过这些问题，儿童就能更多地了解此项活动，为提出问题和采取行动奠定良好的基础。

第二，秉持儿童参与理念的教师需要让儿童明白什么是生态道德教育，哪些问题与生态有关。

将人作为自然的一分子，影响人和自然界中的其他生物与客观物质（如水、空气、土壤等）之间的关系的问题都是我们要关注的问题。生态道德教育，是通过鼓励儿童参与一些与自然友好的行为，促进人与自然的平衡、和谐发展。

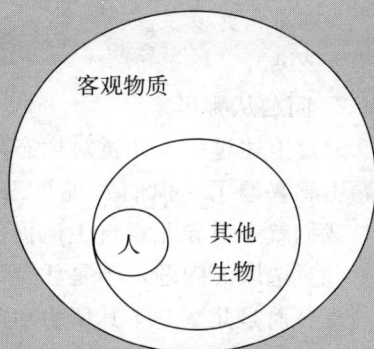

客观物质

人 其他生物

接下来，带领儿童区分哪些是生态问题，哪些不是生态问题。

例如：

（1）某地区的草原面积在不断减少

（2）全球温度不断升高

（3）儿童学说话

（4）某工厂的污水直接排放到市郊的小河

（5）收听第二天的天气预报

（6）人类每天生产大量的生活垃圾

……

在上述 6 个问题中，（1）（2）（4）（6）是生态问题，（3）（5）不是生态问题。

以上是对生态问题的概括性界定，要开展面向儿童的生态道德教育活动，还需要根据儿童的发展特点和理解水平，将这些问题进一步具体化，列出贴近儿童日常生活的细化清单。教师可以列举一些儿童开展生态道德教育的具体实例，使儿童对要提出的问题有清晰的认识，并激发儿童参与的兴趣和信心。

● 一个 13 岁的男孩正在研究吸顶灯和吊灯哪个更节能的问题。

- 一个 9 岁的儿童，看到秋天清洁工焚烧落叶，既污染环境，又浪费生物资源。考虑着如何将这些落叶堆肥，能够回收利用。
- 几个 10 岁的儿童通过丈量，发现学校里的水泥地太多，人均绿地面积严重低于世界平均水平，于是建议校长将水泥地换成草坪砖，种上草坪。结果校长采纳了他们的建议，于是，学校里的绿地面积更多了。

……

2. 问题从哪里来？

通过上述过程，儿童对生态环境问题有了初步的认识，对解决环境问题更感兴趣了。他们发现自己也有能力参与周围的环境问题。接下来，我们就来引导儿童自主地提出研究问题。

儿童选取的问题，不是凭空而来的，也不是像科学家研究的问题那么高深，而是儿童基于其所生活的学校、家庭和社区，发现与生态环境息息相关的问题。即问题来源于儿童的日常生活。通过主动的实践，形成关注自然、爱护自然、节约资源、简约生活的意识和行为。

> **提出问题**
> 引导儿童思考在家庭中，有哪些不节能的现象？并尝试着提出生态道德教育活动的问题。
> - _____
> - _____
> - _____
> - _____

儿童知道了生活中存在着许多生态道德教育活动的问题，通过自己的思考可以获得有关生态环境方面的问题。为了使儿童搜集的信息更为广泛，选择的问题更有代表性，我们提倡儿童采用调查和访谈的方式来获得问题。教师需要引导儿童通过访谈社区和学校里的不同人群，进行观点比较。调查和访谈的信息包括了解他们所在的学校、社区、城市近些年来发生了什么样的变化，以及是什么原因和行为导致了这样的变化。

不同身份的人的观点各有其价值，为了更全面地了解社区问题，儿童需要：

- 走访社区居民，尤其不能忽视那些在社区发展中很容易被忽视的老人、穷人、残疾人等弱势群体的观点和想法。
- 把环境科学和生态保护等方面的专业人士作为信息源。这些科学的观点有助于儿童尽可能更多地了解他们目前和将来所面临的环境问题。
- 了解当地官员、政府机构和其他决策者的观点。如果不能直接采访，可以通过报纸上的有关文章或当地政府的记录来了解。

……

许多环境问题的选择是从儿童进行观点比较开始的。比如，儿童询问爷爷奶奶的童年趣事，并以此来发现周围环境的变化，是一种行之有效的方法。

3. 怎样确定问题？

搜集到上述信息之后，教师需要引导儿童对这些环境问题进行批判性的分析。可以请儿童将他们的观点记录下来，并与其他儿童进行交流，这样可以使儿童对其所在的社区的观点进行"多重比较"。

---

**社区采访**

引导你的学生通过采访社区的其他人，发现自己所在的社区发生了如下变化：

- _____
- _____
- _____
- _____

对于上述变化，引导学生思考如何评价这样的变化。

- _____
- _____
- _____
- _____

---

通过上面的步骤，儿童发现了社区环境中各种各样的问题后，会异常兴奋。不同的社区，有不同的问题；同样的问题，存在于不同的社区。这些问题在社区中是如何分布的？呈现什么样的规律？要解决这个

问题，制作"社区地图"是一种非常有效的办法。

> **社区地图**
>
> "社区地图"的制作依赖于儿童的小组协作。请儿童画出所在社区的地图，标出有关的地点及其名称，并把问题写在相应的位置。

依赖于"社区地图"，儿童可以清楚地了解到自己所生活的社区及存在的生态环境问题。接下来，儿童需要对这些问题进行分类整理，找出问题的相似性。此时，我们可以向儿童引入"生态"的概念，使儿童明白，环境中的生物之间、非生物之间、生物与非生物之间，都存在密不可分的关联性。对于一些相似的环境问题，可以采取联合行动来完成。

通过上面的行动，儿童不仅找到了环境中存在的问题，还发现了这些问题之间的关联，标志着他们在行动之旅中迈出了第一步。

（二）形成方案

在儿童发现问题之后，接下来即将进入的是生态道德教育活动方案的设计。活动计划设计的好坏，是活动成败的关键，也是促进儿童生态道德素养的重要过程。在这部分，教师需要带领儿童共同完成以下过程：

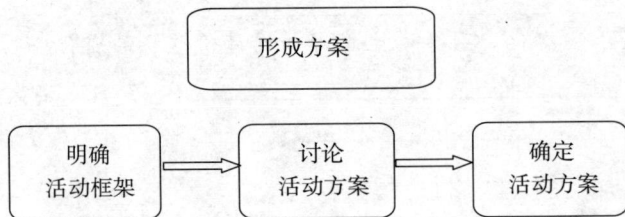

```
                    ┌─────────────┐
                    │   形成方案   │
                    └─────────────┘

  ┌─────────┐      ┌─────────┐      ┌─────────┐
  │  明确   │ ───▶ │  讨论   │ ───▶ │  确定   │
  │ 活动框架 │      │ 活动方案 │      │ 活动方案 │
  └─────────┘      └─────────┘      └─────────┘
```

在儿童参与的视角下，一份可行的活动方案的制订过程，应该是教师和儿童共同切磋和讨论的过程。其中，教师引导讨论的过程，儿童参与具体事项的讨论，是方案的积极制订者。一份好的儿童参与的活动方案，其中的大多数观点都来源于儿童。

1. 明确活动框架

一般而言，一份完整的生态道德教育活动方案需要包括以下几个方面。

- 活动主题：活动是围绕什么样的问题而开展的。
- 活动目标：包括活动的一般目标和道德目标。一般目标指向的是儿童的认知、情感和行为方面；道德目标指向的是价值观和生态品格。
- 活动对象：参加活动的对象是谁，他们有什么样的特点。
- 活动时间：活动开展的具体时间。
- 活动地点：活动开展的具体地点。
- 活动流程：包括在活动前的准备工作，活动进行中的具体工作，以及活动后的总结与评估。

以上六个部分是儿童生态道德教育活动方案的基本支柱。教师应该明确这六个部分的具体内容，并在讨论和设计活动方案的过程中引导儿童参与每个部分的讨论，充分发挥儿童的智慧和创造力。

2. 讨论活动方案

活动方案的设计过程是教师和儿童共同完成的，教师引导讨论的方向，儿童参与具体内容的讨论和确定。

(1) 确定活动的主题

活动方案是从一个特定的主题开始的，只有主题确定了，相应的内容才能相继确定。主题是在儿童提出问题的基础上进一步提炼和总结而成的。问题常常是非常具体存在的某种或某些现象，如城市绿地面积减少、空气污染严重等。而活动主题则是针对问题而采取的某项活动的主要思想及主要活动内容，如爱惜水资源、节约用水等。在提出问题的基础上，教师应该引导儿童将某些问题归纳为一个有意义的活动主题，这个主题必须与生态环境的保护相吻合。

(2) 分析和设定道德目标

儿童生态道德教育活动是以生态教育为载体的道德教育活动。因此，道德目标应该是活动方案中的一个极其重要而不可忽视的方面。我们认为，在开展生态道德教育实践中，所有活动的开展都必须以道德目标的实现为终极目标。为此，我们梳理出以下 6 种生态道德目标。

- 理解：对我们赖以生存和发展的生态环境及其与人类的关系有必要的了解和认识。

- 关爱：对我们赖以生存和发展的生态环境有一颗关注之心，有一份挚爱之情。
- 尊重：对我们赖以生存和发展的生态环境中的生物多样性及文化多样性的接纳和尊重。
- 平等：在生态系统的动态平衡中，有着种际（人类与其他物种之间）、代际（一代人与下一代人之间）、代内（地球村国家之间、民族之间）的平等。
- 自律和珍惜：对我们赖以生存和发展的生态环境资源要节约和珍惜。
- 保护：对我们赖以生存和发展的生态环境要保护、优化，为生态环境的良性循环和可持续发展主动参与，做力所能及的事情。

### 选择道德目标和活动

　　根据儿童提出和发现的生态问题，与儿童一起讨论组织一次生态道德教育活动的主题，并与儿童一起讨论设计本活动方案所涉及的道德目标，以及通过哪些具体的行动来实现这些道德目标。以"城市人关鸟问题"为例，将活动主题设置为"观鸟，而非关鸟"，需要达到的道德目标为"关爱、平等"，可以选择的活动为"调查小区内笼中鸟的数量""比较笼中鸟和自由活动的鸟""角色扮演——'我是一只笼中鸟'"等。根据这个例子，引导儿童从提出的问题中抽取活动主题，选择道德目标，并考虑可选的活动内容。

| 生态问题 | 活动主题 | 道德目标 | 可选活动 |
| --- | --- | --- | --- |
| 城市人将鸟养在笼中 | 观鸟，而非关鸟 | 关爱、平等 | 调查小区内笼中鸟的数量；比较笼中鸟和自由活动的鸟；角色扮演——"我是一只笼中鸟"等 |
| | | | |
| | | | |

（3）分析和了解教育对象

在设计活动时，教师应该了解教育对象（本书中儿童生态道德教育活动的对象是 7～14 岁的儿童）。不论是活动的设计，还是活动的开展，都不是由教师一个人来完成，儿童都是最重要的活动参与者，活动方案设计和具体实施的过程也是教师和儿童不断互动的过程。因此，了解儿童的特点，对于有效地组织活动具有重要的意义。

那么，儿童的哪些特点是需要重点关注的呢？一般而言，包括两个方面：一是团队的特征，包括这个团队有多少名儿童，男孩和女孩各有多少，这些儿童的年龄；二是儿童的独特特征，包括他们来自哪个地区，是城市儿童还是农村儿童，各自具有什么样的兴趣/爱好和特长，以前是否参加过生态道德教育活动，如果参加过，其参与过程和感受如何。

为了便于教师了解儿童的特点，我们制作了"儿童登记表"。在考虑活动内容和活动形式前，教师有必要掌握儿童的具体信息，以便有针对性地设计和开展活动。

## 儿童登记表

指导教师　　　　　　　团队人数：　　　　　填写日期：

| 序号 | 姓名 | 性别 | 年龄 | 来自地区 | 城市/农村 | 兴趣/爱好，及特长 | 先前参加生态道德教育活动的经历 |
|------|------|------|------|----------|-----------|-------------------|--------------------------------|
| 1 |  |  |  |  |  |  |  |
| 2 |  |  |  |  |  |  |  |
| 3 |  |  |  |  |  |  |  |
| 4 |  |  |  |  |  |  |  |
| 5 |  |  |  |  |  |  |  |
| ... |  |  |  |  |  |  |  |

在收集到的儿童信息中，我们发现，这些信息可以分为两类：一类是一般性的信息，比如年龄，处于某个年龄段的儿童，由于受到生理和心理发展的影响，在认知、个性/社会性发展方面呈现出一定的共性，见表 1 "7～14 岁儿童发展特点"；另一类是每个儿童所特有的信息，如儿童的兴趣/爱好和特长，在活动过程中，教师可以启发和鼓励。儿童根据他们的自身优势来为团队作出自己的贡献，比如，有的儿童擅长画

画，可以为团队创作队徽、队旗，或是把每天有趣的见闻画出来，以激发每个儿童的参与兴趣，增强团队的凝聚力。

表1 7～14岁儿童发展特点

| 年龄阶段 | 认知特点 | 个性/社会性特点 | 活动 |
|---|---|---|---|
| 7～12岁 | ● 知觉从无意性、情绪性向有意性、目的性方向发展<br>● 注意从无意注意占主导地位逐渐发展到有意注意占主导地位<br>● 记忆从有意识记逐渐超过无意识记并占主导地位，对机械识记的依赖逐渐减少，对意义识记的运用逐渐增加<br>● 思维从以具体形象思维为主逐步过渡到以抽象逻辑思维为主，但抽象逻辑思维在很大程度上仍然直接与感性经验相联系，具有很大的具体形象性 | ● 情感逐渐丰富和深刻<br>● 自控能力增强<br>● 自我意识加速发展 | ● 开展形象具体的主题活动<br>● 提供材料和操作<br>● 促进思维能力发展 |
| 13～14岁 | ● 注意的持久性明显发展，精确性更高，概括性更强<br>● 有意记忆占主导，理解记忆成为主要的记忆方法，抽象记忆占优势<br>● 认知结构体系基本形成；认知活动的自觉性明显增强；抽象逻辑思维得到明显发展 | ● 自我意识和独立性增强<br>● 重视同伴关系的建立<br>● 希望被人重视，被人当做成人看待 | ● 开展依赖于真实生活问题的调查、体验和探究活动 |

（4）确定活动的时间和地点

活动时间和地点的确定依赖于活动的主题。为了达到这样的活动主题，可以选择在什么时间、什么地点，开展什么样的活动。

对于地点的确定，应该考虑以下因素：该地对儿童是否有足够的吸引力？该地有什么样的客观条件有助于活动主题的实现与活动目标的达成？与其他地点相比，该地有什么样的优势和劣势？组织儿童到该地开展活动，在经费上、时间上、人力上、物力上是否可行？

对于时间的确定，应该考虑以下因素：什么时间对儿童是适合的？

安排多长时间有助于活动的开展和目标的达成？什么时候是进入活动地点的最佳时间？比如，组织儿童到贵州草海观鸟就必须选择冬季，因为北方的鸟儿在冬天时才会飞到南方越冬，成群地聚集在草海。在夏天就看不到种类繁多的鸟儿。

（5）策划活动流程

活动流程是一个活动方案最主要的部分。在这部分，教师需要和学生一起讨论活动的具体安排，包括活动前的准备工作，活动进行中的具体工作，以及活动后的总结与评估（关于活动的策划，本书在第四章中有具体说明）。

在设计活动具体实施过程的时候，应该考虑参与性、可行性、适宜性、适度性原则。教师在带领儿童设计活动流程时，遵循这些原则，有助于活动得以顺利实施。

- 参与性——活动应该尊重儿童的主体性，充分调动儿童参与的积极性。在活动的每个环节，都应该鼓励和支持儿童参与。一是鼓励儿童参与到具体的实践活动中，如观察、体验、探究、调查、访谈、实验等，鼓励儿童亲身体验和亲自发现；二是鼓励儿童参与到小组和整个团队的讨论和决策制定过程中，鼓励儿童与同伴的积极互动；三是鼓励儿童参与到与生态环境保护有关的政策制定、措施实施过程中，如用自己独特的方式，向当地环境部门提出意见和保护环境的建议，并在日常生活中身体力行地落实环保行为，以此来提高儿童的公民意识。

- 可行性——活动策划应该有可操作性，要按照方案的步骤有计划、有效地开展活动。一个无法有效实施的活动策划，是毫无价值的。因此，在策划过程中，教师应该和儿童一起讨论活动开展的地点及当地的环境、所需的经费、活动组织者自身的能力、参与活动的人数、所需的专业人员或机构、所需的物品等因素，并考虑这些因素是否能够保证活动得到有效的实施。

- 适宜性——活动的组织者要根据儿童的年龄特点和发展水平，确定符合儿童发展需要的活动目标和道德目标。适宜的目标应是既高于儿童现实发展，又是经过努力能够达到的水平；既要达到相应的道德目标，又要给儿童带来乐趣；既要考虑儿童群体的水平，又要兼顾他们之间的差异。因此，活动的目标不要定得太大太空，一定要符合儿童发展的需要，才能易于达成目标。

● 适度性——活动的数量、强度和时间安排要科学适度。根据儿童的年龄和体能，安排适当的活动内容、活动难度、活动量和活动强度；活动要注意动静交替，既有观看、聆听的环节，也有主动思考和动手操作的环节，以使儿童保持持续的参与性；在集体活动中可以适当穿插一些自由放松的活动。活动的节奏应该适当，既要防止过度紧张，又要防止无所事事。

在策划整个活动实施过程中，教师必须依据以上原则来规划活动的各项进程，考虑各项进程之间的关联性，并仔细斟酌每个细节。

3. 确定活动方案

在与儿童一起讨论了生态道德教育活动方案后，接下来即可开始撰写活动方案。一份完整的活动方案必须包括活动主题、活动目标、活动对象、活动时间、活动地点和活动流程六个要素。活动具体流程的设计还应考虑参与性、可行性、适宜性和适度性原则。活动方案除了要与儿童讨论以外，教师还需要与活动的其他组织者、单位领导、专家、合作单位和旅行社工作人员等进行反复讨论和确认，细化活动的各项安排，最终确定活动方案。

以下是一个有关上海市低碳世博夏令营的活动方案，试分析本方案中的各个要素，以及参与性、可行性、适宜性和适度性原则是如何在本活动方案中得以体现的。

**上海低碳世博夏令营活动方案**

一、活动主题

我的绿色生活——儿童关注、参与城市发展的绿色品质

二、活动目的

1. 通过体验和考察世博场馆，丰富儿童的低碳生活知识。

2. 通过自主讨论和设计生活中的节能减排方案，提高儿童低碳生活的实践意识。

3. 培养儿童关注日常生活中的节能减排，在此基础上，激发儿童珍惜和节约自然资源。

三、活动对象

北京、上海、黑龙江、内蒙古、贵州等地的五十余名少年儿童和教师，其中有十多名单亲家庭、贫困家庭的儿童。

四、活动时间及地点

时间：2010 年 8 月 21 日—25 日

地点：上海市××饭店、世博园区

五、活动流程

本次夏令营分为"营前培训——分组考察——总结分享"三个部分。具体安排如下表。

| 日期 | 时间 | 内容 | 地点 |
|---|---|---|---|
| 8月21日 | 全天 | 报到及入住 | ××饭店 |
| 8月22日 | 8:30—9:00 | 开营仪式:领导致辞、授营旗 | ××饭店会议室 |
| | 9:00—9:30 | 破冰:相互认识;团队建设;生态道德及绿色生活 | |
| | 10:30—12:00 | 儿童参与绿色生活的方法与实践 | |
| | 午餐 | | |
| | 13:30—15:00 | 低碳世博知识讲解 | |
| | 15:00—16:30 | 小组选题汇报 | |
| | 16:30—17:00 | 总结 | |
| | 晚餐 | | |
| 8月23日 | 上午 | 从浦西入园,参观可口可乐馆、信息通信馆、汽车馆 | 世博园区 |
| | 午餐 | | |
| | 下午 | 分两组:一组参观澳大利亚馆、泰国馆、太平洋联合馆;另一组参观美国馆、南非馆、非洲联合馆 | |
| | 晚餐 | | |
| | 晚上 | 园区内浦江夜游 | |

续表

| 日期 | 时间 | 内容 | 地点 |
|---|---|---|---|
| 8月24日 | 上午 | (从浦西入园)参观上海人家、中国澳门、马德里、伦敦、麦加等案例馆 | 世博园区 |
| | 午餐 | | |
| | 下午 | (轮渡到浦东)参观中国馆、印度馆、尼泊尔馆、亚洲联合馆 | |
| | 晚餐 | | |
| | 晚上 | 分主题讨论 | |
| 8月25日 | 8:30—11:00 | 夏令营分组成果汇报 | ××饭店会议室 |
| | 11:00—11:30 | 闭营式 | |
| | 午餐 | | |
| | 下午 | 自由观光、返程 | 上海市内 |

## 二、实施和反思调整

### (一) 活动的筹备阶段

在活动方案确定之后,立即进入整个活动的筹备阶段。在筹备阶段,组织者要保证活动所需的人、财、物等全部到位,从而保证活动所需的客观条件充分、齐全。下面从人、财、物三个方面具体介绍活动前的筹备工作。

1. 人的方面

● 组织者:活动的策划实施、组织协调、沟通联络、对外宣传、后勤保障等事宜分工明确,有专人负责,且有一定的经验,能胜任本职工作。

● 参与者:参与活动的儿童(如果是亲子活动,还包括家长)能够到位。

● 合作者:活动所涉及的合作方积极配合,有专人负责落实合作事宜。

● 支持者:开展活动所需的专家能够全程提供支持;提供财力、物力的人员均能履行其职。

2. 财的方面

有充足的活动经费，且经费能够在规定的时间内到位。

3. 物的方面

- 活动场地：在预计的时间，开展活动的场地有保障。如果是参观考察某个地方，那么在预计的时间，能保证使用。
- 设施与设备：活动场地的设施和设备齐全，能够保证活动所需。
- 环境布置：根据活动的需要，活动现场应悬挂条幅、放置背景板，或者有其他的装饰和布置。此外，会场的光线、声音等也应满足活动的需要。
- 服装道具：如果活动的项目是表演，相应的演出服装、道具等应到位。如果需要参与的儿童统一着装，那么相应的服装也应齐全。
- 活动材料：与活动有关的材料应齐全到位，如与活动有关的工具、文具、实验器材等。
- 活动资料：供儿童在参与活动时阅读和使用的资料应准备到位。
- 出行车辆：在涉及接送儿童、专家和其他人员的情况下，相应的车辆必须提前落实。

（二）活动的实施

经历了紧张忙碌的筹备工作之后，与活动有关的条件已能够保证齐全到位。接下来，既定的活动日期来临了，参与活动的儿童也如期到达活动地点，教师将要带领儿童依据活动方案来具体实施活动了。此阶段可以用下图来表示。

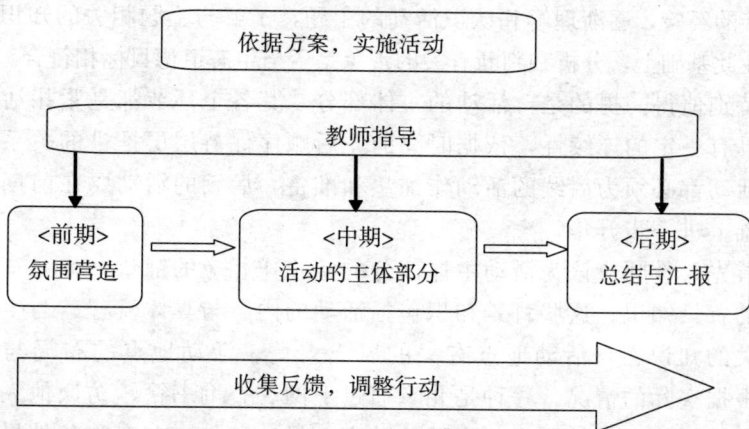

1. 活动的前期

儿童刚刚进入一个新的环境，对周围的人和事物都比较陌生。因此，活动伊始，即是一个氛围营造的过程。此时，教师不要急于开展活动，而是通过破冰和热身活动，打破僵局，让儿童熟悉环境、相互认识，创造一个亲切、充满鼓励和支持性的活动氛围。同时，这也是保证儿童参与的环境基础。

如果在儿童参与生态道德教育活动中，具体的任务是依赖于儿童小组来完成的，那么随即要进行的应该是形成小组和团队建设。因此，根据活动的需要，分成同质小组或异质小组。每个小组要在教师的指导下独立完成团队建设的任务，包括选队长、起队名、做队旗、起口号等任务。此外，还要结合每个队员的兴趣和特长，为每个儿童进行合理的分工。随后，每个团队轮流向其他儿童介绍自己的团队。通过团队建设，激发了儿童对活动的兴趣和参与的热情与信心。

经历了以上的过程，整个团队的氛围平等、宽松且富有支持性。儿童不仅对新的环境有了一定的适应，并形成了"工作"团队，还能够轻松地融入团队。

2. 活动的中期

这是活动的主体部分，是儿童获得与生态有关的直接经验的重要过程。根据活动内容的不同，直接经验反映为实地的观察、体验、探究等考察过程，或者讨论分享等发表言论的过程。在这个阶段，活动的主题渗透在此部分的各个环节中，儿童在参与观察、体验、探究和讨论分享的过程中获得直接的经验，逐渐理解和认识活动的主题，了解与主题相关的知识和现象，在此基础上，分析和判断有关的现象是否与生态道德目标相符合。

特别值得一提的是，活动的主体部分，其各个环节都是紧扣活动主题，具有一定的连续性，依据时间的先后顺序保持层层推进的关系。前面的活动都必须为后续的活动作铺垫和准备，后续的活动要在前期活动的基础上进一步升华。

首先，教师应该为活动主体部分的实施作相应的铺垫，让儿童了解相应的背景知识。这些背景知识包括活动的内容与具体流程、与生态科学有关的知识、与活动地点有关的风土人情、活动地点的布局与设置等。根据实际的情况，一种是儿童通过上网、查询书籍、访谈他人等来获得有关的信息，教师进行指导和补充；另一种是，在客观条件导致儿童无法获得信息的情况下，由教师来提供有关背景信息。

其次，是儿童获得与生态有关的直接经验的过程。其中包括两种形式：一种是真实情境的考察实践，包括儿童观察、体验和探究等，比如"活动方案"中儿童参观世博园、进行环境科学探究实验等；另一种是在模拟情境中的讨论分享，比如，教师提供一个内容为"砍伐森林，在原来的土地上修建工厂"的例子，请儿童从政府、附近居民、环境主义者、经济学家、厂商等角度，讨论环境与发展的问题。

3. 活动的后期

在儿童形成了丰富的经验后，接下来即进入活动的总结与汇报阶段。儿童将他们在实际观察、体验与讨论等过程中的体会与发现，进行总结与梳理，并向其他儿童和教师进行汇报和展示。这样，活动的实施过程也就此结束。比如"活动方案"中，儿童考察了世博低碳场馆后，将他们在低碳生活方面的考察发现，以及自主设计的日常生活中节能减排的方案，向其他儿童进行汇报和交流。

为了详细说明活动实施的过程，我们以"亲近吊兰、美化校园"为例，这是一个发生在学校的生态道德教育活动。教师引导儿童依次经历了"收集资料——栽培吊兰——观察、记录吊兰成长——参与'吊兰吸收甲醛'的实验——展示盆栽吊兰——汇报栽培过程"的一系列活动。活动中，教师在前期充分准备、收集资料的基础上，引导儿童亲自观察吊兰和体验吊兰栽培过程，开展实验加强学生对吊兰吸收甲醛、净化空气的认识。最终，儿童展示了栽培的成果，并向其他儿童和教师汇报了栽培吊兰活动的过程。在这个过程中，儿童对吊兰改善空气质量有了深刻的了解，认识到吊兰是一种有益于美化校园的植物。

（三）教师的指导

在活动实施的全过程中，教师的指导是贯穿始终的。教师的指导表现在：一方面为儿童参与提供一定的客观情境和环境氛围，将儿童置身于与生态环境有关的情境中，使儿童有条件观察自然现象，体验自然情境，思考人与自然的关系；另一方面，引导儿童从低水平的认识上升到更高水平。教师对儿童认识和思考的结果，进一步提炼和升华，使儿童的认识上升到新的水平。特别是在儿童面临思考上的困难时，教师要提供辅导和帮助。

（四）收集反馈与调整行动

在实施活动的过程中，计划不是一成不变的，而是要结合实际情况作出适当调整的。因此，活动的计划是灵活而开放的，能够适应调整和改变。在设计的时候，仅提供活动的基本要求和基本流程，而对活动实践的每个细节不作具体规定。因此，在遇到实际情况需要改变时，活动方案能够随之进行调整。

行动的调整一方面应建立在掌握丰富的反馈信息的基础之上。这种反馈既可以是来自于教师和儿童这样的"局内人"，又可以是来自专家、合作方等"局外人"。对于实施行动的教师而言，一方面要敏锐察觉活动现场的信息，发现周围环境中与预计情况不一致的地方；另一方面要注意观察儿童的行为和表现，发现是否有不适宜儿童接受的内容和行动，包括内容过难或过于简单，活动进展速度过快或过慢等。除了自我反馈之外，教师应参考儿童、专家和其他人的反馈，从而全面地掌握过去及当下的活动情况。

根据从不同人反馈而来的过去信息、当下信息，教师应该对当下情况进行准确的判断，并对未来发展趋势作出合理的预测。这是调整行动的依据之一。

另一方面，还有来自环境中的一些因素，比如制约活动开展的客观因素，以及当前的实际条件，计划与现实的矛盾等。这些始料未及的因素，都是导致行动调整的因素，同时也是调整行动方案的依据。

### 三、评估与形成成果

#### （一）评估

一般情况下，教师将活动按照方案实施完毕后，活动也就宣告结束。然而，按照"行动研究"的路径开展的教育活动，还有非常重要的环节，即评估。由于行动研究强调不断循环、上升的过程，因此一次活动的结束，也意味着新的行动研究循环的开始。评估的目的在于寻求教师行动或实践的合理性。评估有助于教师发现活动之不足，是改进活动的重要依据，更是开展下一次活动的依据。评估的过程如下图所示：

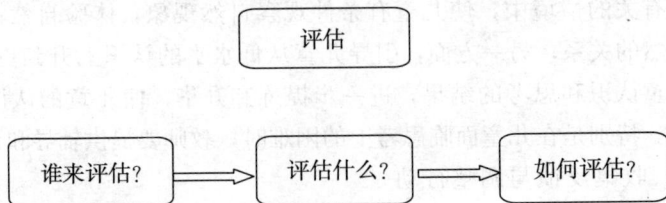

评估

谁来评估？ → 评估什么？ → 如何评估？

1. 谁来评估

传统的评估往往只有单一的评价者，一般是教师自己或者儿童。这样得出的结论往往较为片面。为了能够更全面、客观地对活动进行评价，我们借鉴目前企业中常用的 360 度评估的方法进行活动评估。在企业中，评价一个员工的绩效（包括沟通技巧、人际关系、领导能力、行政能力等），需要多个评价者提供有关该员工的信息，这些评价者包括员工自己、上司、直接部属、同事甚至客户等。

在评价儿童生态道德教育活动时，我们的评估主体应该包括与活动有关的方方面面的人物，比如活动的对象、策划与执行者、主办者、环境与教育专家、合作与支持者、社会人士等。有关的评估主体见下图：

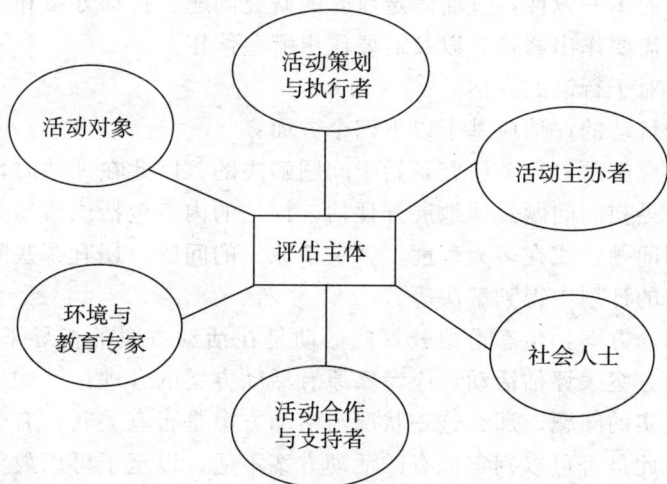

- 活动对象：参与活动的儿童。如果是亲子活动，那么儿童和家长同为活动对象。
- 活动策划与执行者：这是开展活动最重要的力量，主要是参与活动策划与组织儿童参与生态道德教育活动的教师。
- 活动的主办者：这是保证活动所需的人力、财力和物力等到位的人员，包括后勤保障者、组织协调者、沟通联络者等。
- 环境与教育专家：环境科学与教育领域的专业人士。
- 活动合作与支持者：包括活动合作方与支持和赞助方的人员。在整个活动设计和实施过程中，支持主办方与一切密切合作的人员。以校外教育机构开展的生态道德教育活动为例，活动的合作

者有可能是来自学校、科研院所、其他校外教育单位、环境保护
NGO 组织、自然保护区等机构人士。

● 社会人士：知晓本次活动的社会人士，包括参与非亲子活动的儿
童家长、新闻媒体人士等。

2. 评估什么

儿童生态道德教育活动的目标是促进儿童发展，培养儿童良好的生
态道德品质。评估的内容应该包括两个方面：一是行动本身，即从发现
问题到制订计划、从采取行动到活动实施结束的整个行动研究过程；二
是行动研究的结果，具有哪些方面的产出，特别是对儿童发展有什么促
进作用。通过这样的评估，对有关现象和原因作出分析和解释，发现计
划与结果的不一致性，进而确定原有的研究问题、行动方案和下一步的
计划是否需要作出修正，以及需要作出哪些修正。

（1）对于行动的评估

对于行动的评估应基于以下四个方面：

①研究问题：行动研究是始于问题解决的。因此在评估时，需要评
价者针对最初的问题具体地展开评估。评估的内容包括该活动是否解决
了最初的问题，或在多大程度上解决了原始的问题，还有哪些问题需要
在下一步的计划中得到解决等。

②活动方案：生态道德教育的活动是在活动方案的指导下展开的。
结合活动方案来评估活动，应考察原有活动方案的合理性。如果活动未
能解决现实的问题，那么这一状况与活动方案是否有关联，有什么样的
关联，由此是否可以判定原有的活动方案不适，以至于可以放弃原有方
案，等等。

③教师行动：一是教师的组织情况，包括教师是否精心准备了活动
的材料，教师是否表现出鼓励儿童参与的情感和行为，教师在主题之间
的过渡是否自然，等等；二是教师的知识与阐释情况，包括教师所引用
的环境科学知识是否合理，教师使用的教学方法和策略是否有效，等等。

④儿童参与：即儿童在活动中的参与状况，包括讨论由谁发起，儿
童是否参与到行动研究的各个环节，等等。

（2）对于结果的评估

对于结果的评估包括以下两个方面。

①活动的产出：一是活动的受益面和影响力，包括有多少名儿童参

与，辐射范围有多大，等等；二是活动的成果，包括儿童作品、行动研究报告等。

②活动的效果：即通过参与生态道德教育活动，儿童自身有哪些成长。一是儿童在与生态有关的认知方面有哪些收获，在与生态道德目标（含理解、关爱、尊重、平等、自律和珍惜、保护）有关的情感和价值观方面有何变化，在参与社区环境保护方面有哪些积极的行为；二是儿童在自信心、坚持性、团队合作性等心理品质方面有哪些变化。

3. 如何评估

在此部分，我们将介绍评价行动研究的几种常用方法：

（1）观察法：在行动研究中，观察法是最常用的搜集信息评估的方法。这种方法直观明了、简单易行，最容易被评价者所把握。为了能够多次或者在活动结束后也能对行动研究的过程进行观察，可以用录像将整个过程记录下来。观察分为自我观察和他人观察两类：自我观察是教师或儿童对自身行动过程和结果的反观，通常是在行动结束之后，对自身行动过程的回忆与描述；他人观察是教师、儿童以及其他与活动有关的人士通过观看活动的录像，多次观察教师和儿童行动的过程或结果。

（2）访谈法：依据改进行动的目的，结合评估的内容对教师和儿童进行访谈。实施访谈，应当做到客观、不带偏见，以搜集到准确的事实材料，分析和判断行动研究开展的合理性、适宜性、有效性等。

（3）问卷调查法：根据评估内容编制调查问卷，系统地评估行动及结果。问卷的设计应保证客观、不带引导性。最终根据问卷进行数据分析，得出相应的结论。

（4）档案袋法。档案袋包括"儿童档案袋"和"教师档案袋"。"儿童档案袋"的目的是收集儿童的作品，展示儿童的努力、进步和成就，包括自我介绍、作品、观察、体验与想法的实时记录。"教师档案袋"的目的是反映教师的行动过程及其反思，包括儿童团队介绍、活动设计与实施过程的行动与感受、个案跟进（详尽地描述两名以上儿童在认知、情感和行为上的细微表现、变化和发展）、个人反思（对活动的反思、建议、收获、教训以及对效果的观察等）。

（二）形成成果

儿童参与的生态道德教育活动，应该形成什么样的成果？也许，在以往开展活动结束后，撰写一份工作总结就算是活动的成果了。然而，依据生态道德教育的目标，我们是要培养儿童与自然为伴、关心爱护自然的道德情感，并激发儿童自觉参与环境保护的责任意识和行为。因此，工作总结并不是我们所期望的活动成果，我们所期待的是儿童参与社区环境保护，对环境保护建策建议，并参与社区环境保护的规划。这些成果应当是儿童通过努力而形成的宣传作品。这些作品具有同伴教育的功能，对其他儿童产生一定的影响，激发更多儿童的情感共鸣，并唤起更多儿童珍惜和保护环境的行为。

儿童参与生态道德教育活动的成果形式，包括儿童调查报告、"绿色生活手册"、儿童绘画作品、手工制作、手抄报等。本书仅以儿童调查报告和"绿色生活手册"两个例子来加以阐述。

1. 儿童调查报告

儿童通过实地调查，发现生活中不节能、不环保的现象，并对这些现象进行深入分析，得出科学的结论。在此基础上，提出节能环保的建议，形成儿童调查报告。根据调查报告的结果，儿童向社会发出倡议，引起人们重视这些不节能环保的行为。因此，由儿童研究的调查报告，有助于儿童参与社区的环境保护。

《为汽车后备箱"减负"》就是一份由儿童自主提出问题，经科学探究而形成的调查报告。一名小学生对家用后备箱的载重与汽车油耗之间的关系产生了浓厚的兴趣。经过问卷调查，他发现当前许多汽车的后备箱杂物众多，有不少人认为后备箱的负重不足挂齿。那么从节能减排的角度来看，是否要注意汽车后备箱的载重问题呢？

在校外教育机构教师的指导下，这名小学生用自家的车作了多次载重实验，在空载和装上三箱矿泉水（约45公斤）的情况下分别进行测算。经过不同时间、不同天气条件下的多次实验，得出的结论是：车辆每增重45公斤，每百公里油耗就增加一升。基于调查结果，他建议大家给汽车"减负"。

他指出，现在北京家用轿车后备箱里存放的大多数物品都可以减掉。特别是饮用水，好多人都习惯在后备箱放一箱矿泉水，首先这样对健康不利，另外这也增加了油耗和碳排放。

基于调查的结果，这名小学生完成了《为汽车后备箱"减负"》的调查报告，并在教师的指导下，和其他同学一起走上街头，向市民宣传"汽车后备箱'减负'"的节能减排意识。他的调查报告还吸引了媒体的关注。北京晚报、北京电视台专门报告了这个调查结果，并向全社会发出倡议，倡导全社会人士都来为汽车"减负"。

2. "绿色生活手册"

"绿色生活手册"是由儿童参与设计和创作的倡导绿色生活理念和行为的宣传册。儿童结合自己的亲身体会和经历，通过图片、文字等把珍惜自然、尊重生命、爱护环境、节能减排等的意识和行为渗透在日常生活和儿童熟悉的经历中，引起其他儿童的关注和认识。"绿色生活手册"强调儿童和成人共同发起，并由儿童参与创作。其创作的思路和环保的理念和行为均代表了儿童的观点，因此更能引起儿童的共鸣。

以"我的绿色生活手册之绿色环保游草海"为例，这是一本倡导绿色环保的导游手册。此书基于儿童赴草海开展夏令营的经历，除了介绍参观地——草海的自然风光和风土人情外，还将夏令营所涉及的衣、食、住、行、用等方面的环保理念和行为展现出来。比如，"食"的方面，要根据需要适度点餐，避免铺张浪费；"行"的方面，儿童认为乘坐火车就是一种比较绿色环保的行为；"用"的方面，尽量避免使用宾馆的一次性物品，而是自带可反复多次使用的物品，包括牙刷、毛巾等；购物时使用环保袋；宾馆的床单和被罩不必每天清洗等。

通过这样的方式，将绿色环保的理念渗透在孩子的日常生活之中，亲近了儿童的生活，促进儿童在实际生活中践行绿色环保的理念。

当然，儿童参与社区环境保护的成果形式是多种多样的，不仅只有这两种形式，还有许多形式，如制作手抄报、创建网站、建立博客，以及撰写作文、创作绘画作品、制作手工作品等。这些丰富的成果形式既加深了儿童自身对生态道德意识和行为的认识，又使其成为环境保护的宣传者和倡导者。我们强调，儿童不仅是生态道德教育活动的参与者，还是践行生态道德的行动者，更是生态道德理念的宣传者和倡导者。成果的形成正是架起儿童从行动者成长为宣传者和倡导者的桥梁。

因此，儿童根据其形成的生态道德教育意识，结合其亲身体验，充分发挥想象力和创造力，设计和制作各种各样的宣传品，向社区的儿童和成人进行宣传，从而引起全社会对生态环境问题的关注，激发更多人的生态道德行为。这是儿童形成社会责任感和公民意识的重要行动之一。

# 第四章　我们的行动——儿童生态道德教育活动设计组织实务

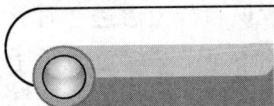

第一章我们了解了儿童生态道德教育的目标，第二章和第三章讨论了指导我们设计和开展儿童生态道德教育活动的理念和行动途径，本章我们一起探讨该如何行动。

请先问自己三个问题：

● 为什么我会认为某件事该做，而某些事坚决不能做？

● 导致我作出判断的观念是怎样进入自己的头脑和内心的？

● 自己的价值观念是在变化的吗？什么样的事情会带来变化？

有这样一个事实：在生活中，我们学习知识、观察事物、听取他人的评论和观点，不断进行着行为价值判断，然后在行动中检验、反思、再行动，行动中还与他人不断交往，进行思想碰撞，这样才逐步形成了自己的道德观念。基于这样的事实，我们开展儿童生态道德教育也要遵循同样的规律，才能达成目标。因此，循着"了解知识、激发情感——发现问题、引发思考——寻找原因、促成反思——采取行动、建立信念"的线索来设计和组织儿童生态道德教育活动，通常情况下会取得较好的效果。

线索明确后，就要开始设计和组织具体的活动了。但是作为实际的操作者，我们往往又受困于两方面的问题：一是以什么样的主题，选择什么内容，又以什么样的方式才能吸引孩子们积极主动参与其中，并感悟到我们希望传递的生态道德观念；二是如何避免活动流于形式，特别是对于一些参与的学校和学生比较多的大型活动，该如何让每个学生都能有效参与，达成生态道德教育的目的。

为了揭示解决这些问题的方法，我们以儿童生态道德教育项目的三个专题，即"我的绿色伙伴""我的绿色生活"和"我的绿色责任"为例，共同体验儿童生态道德教育活动是如何设计和开展的。

为了便于大家开展工作，我们还将很多经过实践检验、深受学生欢迎的活动案例作为附录，提供给各位老师参考。

# 专题一：我的绿色伙伴

按照前面提到的线索，我们一起设计"我的绿色伙伴"主题教育活动。

**一、了解知识、激发情感**

既然要设计以"我的绿色伙伴"为主题的活动，那么就要先搞清楚"绿色伙伴"指的是什么。

在您看来，什么是您的"绿色伙伴"呢？

_____

您可能会认为是动物、植物、高山、河流、大海、湿地、森林等。但是儿童是怎么想的呢？

7～14岁的儿童可能会直接说出他们熟悉的、喜欢的、听说过的或者感到好奇、有趣的某种动物或植物的名字，这些动物可能是野生动物，也可能是宠物；植物呢，也许是树、草地、花卉等。我们设计的活动到底要以哪些自然事物为对象，儿童的想法才是答案。

但是，儿童所认为的绿色伙伴取决于他们对自然的了解程度。因此，活动需要从拓展儿童对自然的认识开始。增长了对自然的见识，引发对自然的热爱，才能为后面的活动打好基础。

如果这样考虑的话，那么系列活动的第一部分就要达到两个目的：

- 普及有关自然的知识，提高儿童对自然的认知程度，激发其热爱自然的情感。
- 倾听儿童的心声，帮助他们找到自己的绿色伙伴。

① **我们先来看看如何能达到第一个目的。**

请您先思考可以开展的活动有哪些？为什么要开展这样的活动？

- 您的活动面向哪些儿童：_____
- 可以开展的活动内容：_____

● 可以采用的活动形式：_____

● 这样设计的理由：_____

● 开展活动前要做好的准备工作：_____

下面这个案例对您考虑这些问题会有一些启示。

**案例背景：**

开展儿童生态道德教育活动的地区有十几所小学和两所中学。这些学校曾经开展过一些环保活动，比如减卡救树、环保征文、绘画比赛、绿地领养维护等。这个地区地处北方，属于温带气候。这里有一个开放式的公园，公园里有一片湖水，旁边有一条古色古香的街，晚上很热闹。

**活动主题：**走进美丽的大自然

**活动对象：**本地区小学三年级至初中一年级的学生

**活动内容：**

1. 介绍适合在北方地区生活的动物和植物。

2. 介绍这些动植物之间，以及与环境之间相互依存的关系。

3. 介绍生态学家在野外观察动物和植物的方法。

**活动形式：**

1. 以"自然的故事"为题，用流动自然讲堂的活动形式，把有关自然的讲座送到学校；讲座的内容是符合活动内容的奇闻趣事。其中重点介绍在本地区生活的动物和植物。动物和植物的种类从不起眼的很小的动物、矮小的植物到体型较大的动物和高大的植物；从美丽的种类到那些看上去不太招人喜爱的种类都要有所选择。讲解的方式要图文并茂，配合视频和一些可供学生传看、抚摸的实物，比如种子、羽毛等。

2. 配合流动自然讲堂，举办"我们的绿色伙伴"图片展。图片展也是流动的，跟随讲座一起进入学校，布置在讲座场地的周围、附近，或者去往讲座场地的路上。图片内容配合自然讲堂的内容，分为几个部分，分别展现动物和植物的美丽姿态，彼此的关系，适宜生活的环境，与人之间的情谊等。

3. 以"漫步自然"为题，用周末一日或两日的户外自然体验营方式，带领儿童在公园中做自然游戏，观察公园中的植物和动物，体验漫步在自然中的快乐。

**活动准备：**

1. 做活动经费预算，争取活动专项经费。

2. 从地方志、地方动植物图鉴、网站等途径搜集符合活动内容的图片、视频、实物和文字资料。

3. 走访动植物专家，进一步收集讲座和图片展所需的物品和资料，寻找适合讲座的讲师。

4. 制作讲座的演示文稿。

5. 制作图片展的展板。

6. 勘察在公园中组织周末营活动的路线，确定活动内容和方式，制订具体到时段的活动安排表，确定周末户外活动的周次和可容纳的人数。

7. 编制观察指南和记录单，包括标有观察点的简易地图、观察的主要动物和植物的图片、观察要点和记录表格等。

8. 拟定活动通知，发到学校。

9. 召开学校活动负责人会议，讲解活动意图、内容和组织方式，制作参与活动的学校联络表、巡回讲座与展览的学校顺序安排表。

10. 勘察学校讲座和布展的场地。

11. 联络当地的媒体，请他们宣传这项活动。

12. 召开活动工作人员会议，培训相关工作人员进行图片展和户外自然体验活动的解说（或者招募学生或社会人士担当志愿解说员，对他们进行培训）。如果没有找到合适的讲座讲师，那么就要集体备课，互相试讲。活动开始后轮流到学校讲座。

13. 根据周末户外活动所能容纳的人数，为学生准备观察指南、观察记录单、放大镜、纸、笔等物品；还要为领队和解说员准备便携式扩音器、营旗、口哨、2~3个手持望远镜以及准备做的自然游戏要用的物品。

**活动步骤：**

1. 按照参与学校顺序安排表，与学校联系，提前到学校布置讲座场地和图片展。

2. 到学校开展"自然的故事"讲座和"我们的绿色伙伴"图片展活动。图片展应有讲解员讲解。

3. 由学校组织，学生自愿报名，确定参加每个周末活动的学生名单。

4. 开展周末"漫步自然"户外自然体验活动。

①通知学生集合地点。

②讲解活动内容、要求和安全、保护自然等方面的注意事项。

③分发学生用的物品，并说明活动后要收回的物品，请同学们爱惜。

④按照户外活动安排表开展各项活动。

⑤活动结束后，带领学生们共同分享活动的感受。

5. 总结活动效果。

①发一个简单的调查表。可以调查学生印象比较深的活动有哪些，为什么；有哪些收获；对自然的哪些方面有新的了解；对自然的认识有哪些新的改变……

②召开学校活动负责人座谈会，了解学校对活动效果的反馈。

③召开工作人员会，结合学生问卷调查结果、学校的反馈和活动中工作人员自己的观察，总结经验教训。

④整理活动档案，收集相关的新闻报道。

这个案例告诉我们设计和组织生态道德教育活动的一些要点。

**活动组织方面的要点：**

● 活动的设计要因地制宜，符合当地的自然条件，室内和室外活动相结合。

● 活动主题、内容和形式要围绕活动目标来设计，而且要符合参加活动的学生的认知水平和特点，与他们的生活建立联系。

● 活动内容和形式要有趣，多样；活动内容要与当地的自然状况、文化、专业人士、民间才俊等资源结合。

● 学校活动的组织者和活动工作人员的培训是必需的，他们是活动设计和组织者的延伸。特别是大型活动，如果要做到每个学生都有效参与，就必须将活动群体化整为零，将大的群体分成小组，每个小组的活动都应由接受过培训的老师或者学生骨干、志愿者来组织。活动的工作人员对生态道德基本内涵的理解，以及在行为中的体现都应达成共识。

**传递生态道德方面的要点：**

● 活动中的所有内容、讲解人员的解说和行为都应符合生态道德的要求，切记：身教重于言教。比如观察动植物要尽可能用图片，视频，自然脱落的羽毛、树叶、种子，望远镜，把小动物放在放大镜下观察后再小心地放回去等不伤及动植物生命的方式；言语和行为中要时刻注意体现对生命的尊重。

- 讲解中重点放在引导学生发现自然的美好和神奇，发现各种生物之间相互依存的关系，特别要引导学生关注那些不起眼的小生命的美好和对自然的价值，让学生感悟到生命的价值不在于外表的美丽或丑陋，也不在于个体的大小，或者群体数量的多少，活动范围的宽广或狭小，而在于每个生命都是自然中不可缺少的一环，都关系到其他生命的生存。每个生命都有其生存的意义。

这些要点不仅适用于实现以"增长对自然的见识，激发热爱自然情感"为目标的活动，也适用于其他生态道德教育活动。这些要点不会在后面的内容中重复出现，但不代表没有用或是不重要。希望您经常用这些要点来审视自己设计的活动。

至于案例中提到的有关自然的故事、图片、文字资料、视频等，在中央电视台网站、中国教育电视台网站、旅游卫视网站、自然探索频道、世界自然基金会（WWF）、国际爱护动物基金会（IFAW）、自然之友（FON）、中国湿地中心、中国鸟类环志中心、北京天下溪教育咨询中心、观鸟协会等很多网站上都可以找到。自然游戏方面的书籍也很多，比如《与孩子共享自然》《中日韩青少年环境教育活动案例集》《中日韩环境教育创新方法指南》等书中有很多自然游戏，大家可以参考。

② **下面我们来设法实现第二个目的。**

倾听儿童的心声，最重要的是提供给他们充分表达自己意愿的机会，而且真的能够尊重他们的意愿，按照他们的选择开展活动。那么，怎样做才好呢？

您能想到的办法：_____

让儿童来推荐自己的绿色伙伴如何？

我们继续前面那个案例的活动，来实现第二个目的。

**案例背景：**

为了实现第一个目的，已经开展了三项活动。儿童对自然的认识比以前开阔了很多，热爱自然的情感也增强了。户外活动进一步调动了儿童走进自然、观察自然的热情，而且还多少学习了一些观察自然的方法。是时候让他们表达自己的意愿了。

**活动主题：**推荐我的绿色伙伴。

**活动对象：**不变。

**活动内容：**

1. 儿童选择一种自己喜欢的动物或植物作为自己的绿色伙伴。

2. 制作推荐材料，向其他儿童推荐自己的绿色伙伴。

**活动形式：**

1. 组织儿童自己通过查阅网络、书籍，或者按照前面户外活动中学习的观察自然的方法来自己观察记录，或者走访专业人士等方法，广泛收集资料。

2. 儿童利用自己收集的资料，采用自己喜欢的方式递交"我的绿色伙伴"推荐材料。

3. 组织"我的绿色伙伴"班级推介会，让儿童充分表达自己的想法。

4. 办一个"我的绿色伙伴"推荐宣传展览，在学校中巡展。

**活动准备：**

1. 确定推荐"我的绿色伙伴"的基本要素：名称、昵称、性别、全身照、主要生活地区、食谱、家的模样、邻居、天敌、与自己的关系。

2. 培训学校的活动组织者，说明活动中的注意事项，特别是教师应该担当倾听者、帮助者的角色，而不是命令者或是替代者；同时要抱有宽容的心态，尊重和接纳儿童稀奇古怪的想法。

3. 准备存贮箱和展板。

**活动步骤：**

1. 召开学校活动负责人会议，发布和解读"我的绿色伙伴"推荐的基本要素。

2. 学校活动负责人组织儿童收集和制作自己喜欢的绿色伙伴推荐材料。

需要注意的是：

● 如果儿童中有共同选择的，可以自由结伴，组成小组，共同推荐。

- 如果儿童提出需要走访专业人士，学校可以与活动组织者联系，将有这样需求的儿童组织在一起，由教师带领一起去拜访专业人员。或者由家长带领去走访。7～14岁的儿童年龄较小，这样安排比较安全。切记：不可让儿童在社会上单独行动。
- 如果儿童想推荐蟑螂、老鼠等这样在通常情况下不受欢迎的生物，我们应该尊重他们的意见，欣然接受这样的推荐。
- 鼓励儿童按照自己喜欢的方式制作推荐材料，可以绘图、制作连环画、做Flash、做网页、制作宣传单、写推荐信、制作DV等都可以。说不定还会出现更新奇的做法。只要是安全的，就可以。

需要强调的是：不能用动物或植物的活体实物或真的标本。

3. 分班级组织"我的绿色伙伴"推介会。让每个儿童都来向同伴介绍自己的绿色伙伴。教师在推介会开始前要强调：每种生命对自然都很重要，每个人的推荐也都非常宝贵，都会帮助我们深入了解自然，因此对他人的推荐要抱着欣赏的态度，不能讽刺挖苦或者讥笑；要倾听同伴的推荐，说不定会有新的发现；听的同学如果有疑问，可以向推荐人提问，由推荐人解答。推介会的主持人应该由儿童来担任，教师协助。开始活动前教师要帮助主持人统计好大家需要哪些设备和物品，并带领大家共同做好准备。

4. 各学校将推荐材料收集好，交给活动组织者。活动组织者分类存档。

5. 由活动组织者用适当的方式将推荐材料制作成"我的绿色伙伴"展览，送到学校进行巡回展示。

6. 总结活动效果。

- 统计儿童都推荐了哪些绿色伙伴，做好分类，以便设计后面的活动。
- 用调查问卷的方式了解儿童的收获和感受。
- 了解参与学校的反馈和教师的收获及感受。
- 将"我的绿色伙伴"展览保存好，以便年终进行本年度系列活动总结和交流展示时使用。

预想一下这个活动的效果，看看作哪些修改可以更好地实现活动目的？您觉得通过这个活动可以对儿童生态道德的养成产生哪些影响？

在这个部分，最难做到的是：

● 把握好教师的角色，不做替代者。

● 面对儿童新奇的想法能够足够的宽容和尊重。

● 对那些同伴间不友好、对自然不友好的行为能够及时制止，并正向引导，还能不伤害儿童的自尊。

### 二、发现问题、引发思考

儿童充满了对自然的热爱之情，在充分表达了自己的意愿，并推荐了自己的绿色伙伴后，我们就可以进入第二部分，引导儿童"关注绿色伙伴的生存状况"，发现问题，引发思考。

想想自己的生活，对"什么是好的生存状况"您是怎么理解的？请用一些词汇来表达您的见解：

_____

与您的同事交流一下想法，看看你们想的是否一致？

安全、食物丰富、住得好、安静、自由、有干净的水、有玩耍的地方、能找到伙伴、有躲避危险的地方……如果把这些词汇按照从"最重要"到"最不重要"排序，您的排列结果是：

_____

如果您是一只生活在自然界中的鸟，您的答案又是怎样的？

和您的同事交流彼此的想法，不但要交流答案，更重要的是交流作出这种回答的原因，看看自己内心看待自然与自己关系的真实想法，也听听别人的观点。观点上有冲突是很正常的，这种争论往往可以使自己的观念得到修正。澄清生态道德的观念更需要这样的过程。

这是一个价值澄清的活动。对于儿童来说，价值澄清活动一般是放在行动之前或是活动中出现争议的时候，以便澄清一些基本观念、标准等。要开展"关注绿色伙伴生存状况"的活动，需要在活动前搞清楚适合我们的绿色伙伴生存的环境具有哪些特征，这样才能依照这些特征去观察、记录，才能发现问题。

现在请您回顾刚才的活动您有什么感受？开展这样的活动要注意什么问题？把自己亲身体验后总结出的经验记录下来，用来培训学校的活动负责人，以便他们能够代替您在学校的各个班级开展类似的活动。

开展价值澄清活动的要点：

———————————————————————————————

———————————————————————————————

———————————————————————————————

　　儿童推荐的绿色伙伴有可能非常丰富，他们需要的就是澄清观念后，学习通过观察、调查来发现问题的基本方法，然后就可以自己去完成这个过程了。所以，涉及的生物多种多样没有关系，方法是普遍适用的。

　　现在我们依然跟随前面案例的脚步，进入"发现问题、引发思考"的活动中。我们以家燕作为绿色伙伴，看看如何设计和组织这个阶段的活动。

　　**案例背景：**

　　在前面推荐绿色伙伴的活动中，有一些儿童推荐了家燕。在这个地区，以前家燕是很常见的鸟类，但是近年来变得越来越少了。这些儿童希望了解自己的绿色伙伴在这个地区的生存状况。

　　**活动的时间及地点：**公园内，公园外那条热闹的街道，离公园有一段距离的居民区，自己的学校（要注意安全）。

　　**活动准备：**望远镜、相机、地图、纸、笔、指南针。

　　**活动步骤：**

　　1. 绘制一张本地区的地图，标出调查地点。

　　这个过程需要教师的协助。在教师的带领下，儿童勘察本地区各个功能区以及主要道路，比如公园、居民区、商业区、主要街道等。然后绘制示意图，将各个功能区画在图上。同时标出主要调查地点。

　　2. 寻找家燕的巢。

　　走访和调查，寻找家燕筑巢的地方。把发现家燕筑巢的地点标在地图上，并对筑巢点和周边环境进行拍照。

　　通过望远镜，仔细观察家燕的巢选在什么样的地方，观察家燕的巢是朝向哪里的？和巢接触的面的光滑程度怎么样？巢周围的环境是什么样子的？巢是否完好？

　　巢里面有没有家燕在生活？有几只？把家燕的巢画下来，看看这些巢是不是都一样。仔细观察，看看家燕是用什么来筑巢的。

　　要注意，在观察的过程中不应该大声喧哗，要尊重家燕，不要因为我们的调查而打扰家燕的正常生活。

3. 对那些有家燕筑巢的地方的居民进行走访。

● 了解他们对家燕的看法。

● 他们与家燕是如何相处的，其中有哪些令他们难忘的事情？

● 与前几年相比，他们感到家燕多了，还是少了？为什么这样认为？

● 要特别走访那些老住户，以便了解家燕在这个地方的数量以及生存环境的变化。

● 把这些访谈的结果记录下来，并进行整理。

4. 观察自己做了标记的地图，看看在哪些地方家燕筑巢多，哪些地方没有。大家把每个人观察到的结果和访谈的整理记录进行交流。总结出：

● 在这个地区，一共发现了多少个家燕的巢？其中有多少还在被使用？有多少是被废弃的？

● 家燕选择筑巢的环境有什么特点？周边的人们对家燕的态度和行为主要有哪些？

我们这个地区家燕的生存状况如何？

5. 总结。

儿童交流参加活动的收获和体会。

教师帮助儿童梳理出这次活动中可以感悟到的，与绿色伙伴和谐相处的道理。同时讨论进一步展开调查的计划，继续深入寻找是什么因素影响了本地区家燕的生存。

第二个阶段的活动主要是引导儿童在"喜爱"的基础上，能够进一步"关注"，真正把自己喜欢的动物或植物当成平等的朋友来关心，关心它们的真实生活，发现它们生存中的困境，从而把儿童对自然的热爱引向深入，从单纯的愉悦和尊重生命的存在，引向关注生命的生存状况以及与自己生活的关系。这是思考该如何与自然相处的开始，因为通过这样的活动，不论是动物还是植物，他们不再仅仅是被欣赏的对象，而是被儿童时刻关心着的"伙伴"。

因此，这个阶段的活动在设计和组织中要注重以下几个方面：

● 在开始调查前，要培训学生学会最基本的调查记录方法，可以模拟操作，以便更好地理解和应用。

- 鼓励儿童参照自己的生活需要来调查了解绿色伙伴生活的方方面面，比如吃的、住的、喝的、住处周边的环境等。
- 鼓励儿童从对长辈的访谈、资料等途径了解绿色伙伴在当地的生存状况发生的变化。
- 了解适宜绿色伙伴生存的周边环境的特点，特别是人类的态度和行为。
- 鼓励儿童耐心、细致，多角度调查，想得越周到，了解得越仔细，离真实的状况越接近，也越容易发现绿色伙伴的生存困境。
- 鼓励儿童多问几个为什么，以便察觉表面现象背后的事实。
- 如果在交流中对某些观点或调查的角度、思考的角度有争议的话，可以做"价值澄清"的活动，帮助儿童澄清观念或者判断的依据、标准。
- 活动后的交流和总结非常重要，教师要在儿童说出自己真实想法的基础上帮助他们进行梳理，要给儿童提供足够的思考和表达的空间，切不可直接自己总结。

　　第二阶段的活动是在第一阶段的基础上开展的，因此"关注绿色伙伴的生存状况"指的是儿童要在推荐绿色伙伴的基础上，进一步关注其生存状况。推荐的是什么，就关注什么。如果儿童推荐的绿色伙伴是动物，就可以参考这个活动的方法来调查其生存的状况。如果儿童推荐的绿色伙伴是植物，在附录的实践案例中有一个"我的树"的活动，可以作为设计活动的参考。

　　如果推荐的绿色伙伴是本地没有的，那么就让儿童通过网络、新闻报道等途径调查。虽然不能亲自去观察，但是调查的要点是相近的。如果在调查中儿童感到有困难，想换一个绿色伙伴，那么在他说明原因，并重新推荐后，可以允许更换。

　　如果是以小组为单位推荐绿色伙伴的，那么这次活动也以小组为单位进行。

　　您觉得这样的活动怎样设计能更好地达到目的？通过这个活动，您觉得会帮助儿童形成哪些生态道德观念呢？请您提出改进活动的建议，并提炼出这个活动能够传递的生态道德观念：

_____

_____

### 三、寻找原因、促成反思

在第二阶段的活动中，儿童调查了解了自己的绿色伙伴的生存状况，也会发现一些问题。在进行活动总结时，一个重要的内容就是要和教师一起制订进一步展开调查的计划，继续深入寻找是什么因素影响了绿色伙伴的生存。就像对待自己的朋友，当你了解到朋友遇到困难时，总是希望知道原因，以便更好地帮助他。

那么您认为设计第三阶段的活动该从何入手呢？

_____

用上前两个阶段活动的成果也许是个不错的主意。

第一个阶段，儿童推荐自己的绿色伙伴，为此收集整理了大量的资料，对绿色伙伴的生活习性已经有了一定的了解，所以绿色伙伴的推介材料也就是最适合其生存的环境及其最佳状态的描述。我们可以将这份推介材料作为判断这些绿色伙伴生存好坏的依据之一。

第二个阶段，儿童绘制了一张标注绿色伙伴在当地栖息地点的地图，而且还记录了它们在当地的生存状况发生的变化。我们可以将这些成果作为现状的描述，更重要的是可以帮助儿童分析比较有绿色伙伴栖息的环境与没有它们栖息的环境之间的差异，再去寻找造成这种差异的原因就容易多了。

我们一起来看看这样设计活动是否可以取得良好的效果。我们依然继续有关"家燕"的活动，开展调查影响家燕生存的原因。

**案例背景：**

在"关注绿色伙伴生存状况"的活动中，儿童了解了家燕都在哪些地方筑巢，这些地方的环境以及人们对待家燕的态度和行为，而且还绘制了家燕筑巢地点的分布地图。儿童了解到家燕比以前少了很多，以前有家燕筑巢的地方，现在已经没有家燕了。儿童很好奇，为什么会出现这样的现象呢？这种现象是人类的活动造成的吗？

**活动的时间及地点：**不变。

**活动准备：**相机、在前面活动中自制的地图、纸、笔、指南针。

**活动步骤：**

1. 教师与儿童共同讨论，影响家燕筑巢的因素可能会有哪些？也就是提出假设，以便通过实际调查、测量、实验等寻找证据，来验证这些假设是否正确，也易于在验证中发现没有考虑到的原因。比如：周边的自然环境不适宜筑巢；人类的生活打扰了家燕的生活；存在人类伤害家燕的行为……

2. 制订一个调查计划，按照讨论出的可能影响家燕筑巢的几个方面的因素确定调查的地点、方法、用到的物品以及时间表等。

3. 按照计划展开调查。

（1）走访专业人士，进一步学习了解家燕选择筑巢地点的习性特点。做好记录。例如：

● 家燕的巢需要一定的遮掩，低矮的平房很适合家燕筑巢。

● 家燕的巢是用泥和树枝搭建的，附近有水源和树木的环境适合家燕的筑巢。

● 在有灯光照射的地方筑巢，热量会导致家燕的卵不能正常孵化。

● 家燕的巢如果没有屋檐等遮掩，幼鸟容易被天敌捕食。

● 人类的一些行为会对幼鸟产生惊吓，造成幼鸟的死亡。

（2）分析自己绘制的标注了家燕筑巢地点的本地区示意图。

● 将家燕筑巢较多的地点和没有发现家燕的地方分别罗列出来，做一个目录单。

● 初步分析这些地方分别在本地区的哪些功能区，比如是在密集的居民区，还是在公园内，或者在公园外的那条繁华的街道上？

● 分析这些功能区环境的特点，从筑巢环境是否适宜的角度分析家燕筑巢地点呈现目前这种状态的原因。比如繁华街道的环境特点是十分嘈杂，特别是在夜间，夜晚的灯光也比较亮，还有很多餐馆排放出的油烟等，不利于家燕休息，还容易受到惊吓，空气质量也不好，因此没有家燕筑巢。

设计一个表格，将这些信息整理在表格中，以便到实地调查时对照使用。

（3）设计一个调查问卷，调查了解在各功能区生活的人们对家燕的态度和行为，来了解人类的意识和行为对家燕的生活带来了哪些影响，这是否是影响家燕筑巢的主要因素之一。

（4）到各功能区实地调查。重点包括：

调查各功能区的自然环境和人类生活对环境的影响。用实地调查的结果与通过分析家燕筑巢分布地图所获得的信息进行比较，修正其中的信息，获得一个经过实践检验的相对完整、准确的信息表。

　　测量家燕筑巢地点与水源地，与能够方便获取筑巢材料的自然环境之间的距离；测量筑巢地与非筑巢地的周边环境的温度等，还可以做一些模拟实验，获取一些科学数据来进一步了解影响筑巢地选择的自然因素和人为因素。

　　发放调查问卷，对问卷填写结果进行统计，了解人们的意识和行为。

　　4. 分析各种证据，得出结论。

　　在教师的指导下，儿童共同讨论、分析各种证据，看看自己预想的各种影响家燕筑巢的因素是否真的存在；影响程度有多大；其中的主要因素是什么，次要因素是什么；人类的意识和行为中哪些是对家燕的生存不利的，哪些是有利的；人们应该改变哪些观念和行为才能减少对家燕生存的影响，与家燕和谐共处……

　　将分析结果用图表等简明的方式表达出来。

　　把整个调查过程、运用的方法、整理出的调查结果和结论综合在一起，形成一份调查报告。

　　5. 总结。

　　儿童交流参加活动的感受和收获。

　　教师带领儿童一起讨论：自己和周边的亲朋好友在生活中是否也做过不利于家燕生存的事情，比如在房檐下挂上灯，用来照亮院子；在树上缠上彩灯让店铺在晚上显得漂亮，好招揽生意；把房檐去掉，用瓷砖装饰家的外墙；把落叶和树枝清扫干净，当成垃圾运走；等等。

　　教师与儿童共同讨论：可以做哪些事来帮助家燕在当地很好地生存，可以影响更多人改正自己的行为，共同来保护好家燕？

　　在带领儿童开展类似活动之前，建议您可以自己先做一做这样的活动，看看亲身体验后，您自己会有什么感触和收获。这样再指导儿童活动，与儿童交流会更自如。同时也会更好的理解这样的活动会对儿童生态道德的形成产生什么作用。

　　您认为这样的活动要达到的目的是什么？在整个系列活动中的作用是什么？

_____

_____

_____

在设计和组织这样的活动时，有一个根本的目的是要设法达成的，即：将绿色伙伴的生存与儿童当下的生活建立联系，促成儿童在亲身实践中逐步发现和感悟到，人们自身的观念和行为正在严重影响着自己绿色伙伴的生活，必须从自己做起，从我们每个人做起，改变观念、改变行为，才能让绿色伙伴很好地生存下去。

虽然在前面的活动中，儿童的绿色伙伴各不相同，但是寻找影响其生存因素的方法是相近的。在设计活动时可以参照这个案例，也可以参照附录中其他的实践案例。只要抓住以下要点就可以了。

- 在现有的知识和生活经验的基础上，进一步帮助儿童学习动植物的生存习性，特别是生存环境上的细节。
- 在分析已掌握的信息的基础上，帮助儿童对影响绿色伙伴生存的因素提出假设。
- 帮助儿童掌握和运用多种方法获取证据，来验证自己的假设是否正确。其中要让儿童在真实的生活中、在真实的自然中亲身实践，不能仅仅是分析文字资料；要特别注重收集有关人们日常生活行为和生活观念对动植物生存影响的证据。
- 帮助儿童掌握整理分析资料的方法，从中得出结论。帮助儿童用这些结论来反思自己和家长的观念与行为是否存在类似的问题，是否需要修正。
- 帮助儿童思考如何让更多的人加入关心和保护绿色伙伴的行列。

您认为围绕我们要达到的生态道德教育目标，还可以对这个案例作哪些改进呢？

_____

_____

_____

### 四、采取行动、建立信念

"保护"不能仅仅停留在口头上，要设法提供给儿童亲身参与保护绿色伙伴的机会。这种机会不应是成年人简单的给予，而是由儿童发自内心努力争取的，甚至是自己创造的，教师起到辅助和鼓励的作用。自己争取来的机会会激发出儿童更大的动力，儿童也会更珍惜。同时，成功的行动所带来的成就感和信心，会坚定儿童初步形成的生态道德观念，也会激发儿童以更大的热情投入到关注生态、保护生态的活动中。

因此，"行动"是整体系列活动中不可或缺的部分。

既然要让儿童自己争取行动的机会，就不妨让儿童自己思考和规划该如何行动。

接续第三阶段的案例，我们一起来看看下面的活动。

**案例背景：**

儿童通过自己的调查，确实发现了人们的生活观念和行为对家燕的生存带来了不利的影响，也发现自己也是其中一员，所以急于采取行动，改变现状。

**活动的时间及地点：**不变。

**活动准备：**家用录像机、展板、彩笔、图钉、夹子、别针、绳索等。

**活动步骤：**

1. 根据前面活动总结阶段的讨论，教师和儿童制订了一个宣传保护家燕的行动计划。包括宣传的时间、地点、对象、内容、方法、分工等。他们准备做这样几件事：

（1）制作一个自拍自编自导自演的 DV 宣传片，就像电视里的公益广告那样的宣传短片，在宣传的时候播放。

（2）用调查中收集的人与家燕之间发生的真实事件改编成一个小剧本，编演一个小品，在宣传的时候表演给大家。

（3）把整个活动中收集的各种文字资料、调查结果、图表、照片、结论等进行分类整理，制作几块展板，将家燕的生存与人类生活之间的关系、目前的问题、人们需要改变的行为和保护家燕的行为指南等展现给人们。

（4）按照家燕的习惯，设计制作人工家燕巢，放置在适合家燕生存的环境中，帮助家燕安家。

2. 儿童在教师的指导下，分成几个行动小组，分头准备。

3. 按照计划，教师帮助儿童联系好宣传地点。儿童一起布置场地，做好各种准备工作，开展宣传活动。

4. 宣传活动结束后，召开一个庆祝会。儿童把自己从第一个阶段到最后采取行动的参与全部活动过程的图片、成果集中展示出来，与教师一起回顾参与的过程，分享自己的感受与收获。同时大家一起统计关注和参加宣传活动的人数，总结效果和经验教训，为今后开展活动积累经验。

这个案例是某学校的一个班级中的某个小组开展的活动。作为整体活动的设计和组织者，您可以请各个参与学校在校内以"我和我的绿色伙伴"为题举办学校活动成果展示会，同时请各学校推荐其中的佼佼者，然后在这个地区举办一次比较大型的活动成果展示会，全面回顾和展示活动过程与成果，也是对整体活动的梳理和总结。

同时请参展的儿童向参会的各界人士介绍自己的收获和感悟，增强他们的自豪感和自信心，创造一个让儿童向更广泛的人群宣传生态道德的机会。

除了案例中采用的行动的办法，还可以设计很多促成行动的活动，关键是教师要听取并尊重儿童的想法，以他们的想法为基础，与他们一起制订行动计划。其中，教师可以提供一些建议，列举一些成功的例子，帮助儿童打开思路，但不可武断地自己制订一个计划交给儿童来执行。

除此之外，您觉得在设计和组织中还应该注意哪些问题呢？请提供您的建议：

現在，我们一起来回顾整个活动过程，总结一下我们的设计思路：

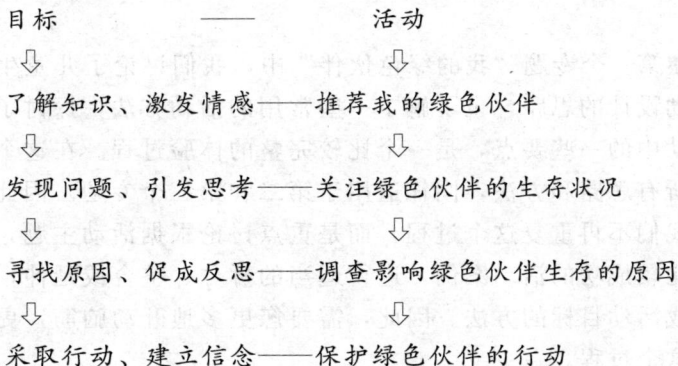

目标 —— 活动
⇓ ⇓
了解知识、激发情感——推荐我的绿色伙伴
⇓ ⇓
发现问题、引发思考——关注绿色伙伴的生存状况
⇓ ⇓
寻找原因、促成反思——调查影响绿色伙伴生存的原因
⇓ ⇓
采取行动、建立信念——保护绿色伙伴的行动

在具体的活动设计中我们运用了知识讲座、参观展览、分享故事、观看影像节目、价值澄清、自然观察、自然游戏、调查研究、艺术表演、DV 制作等方法。附录中的实践案例中还有很多方法可以参考。

其实我们设计的活动也可以以某种或某类动物或植物为绿色伙伴来

展开。只是这种动物或植物不应由我们确定，可以由儿童从众多的、他们推荐的绿色伙伴中投票推选出来。但是活动设计的思路和要点是相同的。

我们也可以将这些过程浓缩到一个夏令营中。

还记得每个阶段活动设计和组织中的要点吗？请回顾这些要点，并设想：如果用上述设计思路来设计一次为期 3～4 天的"我的绿色伙伴夏令营"，您将如何来设计呢？

您的设计框架：

目标 ——————— 活动内容 ——————— 时间安排

　⇩　　　　　　　　　⇩　　　　　　　　　⇩

了解知识、激发情感——

发现问题、引发思考——

寻找原因、促成反思——

采取行动、建立信念——

# 专题二：我的绿色生活

在第一个专题"我的绿色伙伴"中，我们讨论了儿童生态道德教育活动设计的思路，也了解了一些常用的活动方法，探讨了设计和组织活动中的一些要点，是一个比较完整的体验过程。在这个过程中展现的所有思路和方法，同样适用于第二和第三个专题。因此，在本专题中我们不再重复这个过程，而是重点讨论根据活动主题，选取已有的、比较成功的活动案例，进行适当的拆分、整合或延伸，来设计活动达成活动目标的方法。因此，需要您更多地开动脑筋，更为自主地实践这个过程。

在这个专题中可以开展哪些方面的活动呢？这可能是设计活动时遇到的第一个问题。我们先将"绿色生活"这个词拆开，分别对"绿色"和"生活"来个头脑风暴，看看从这两个词汇您能联想到什么。

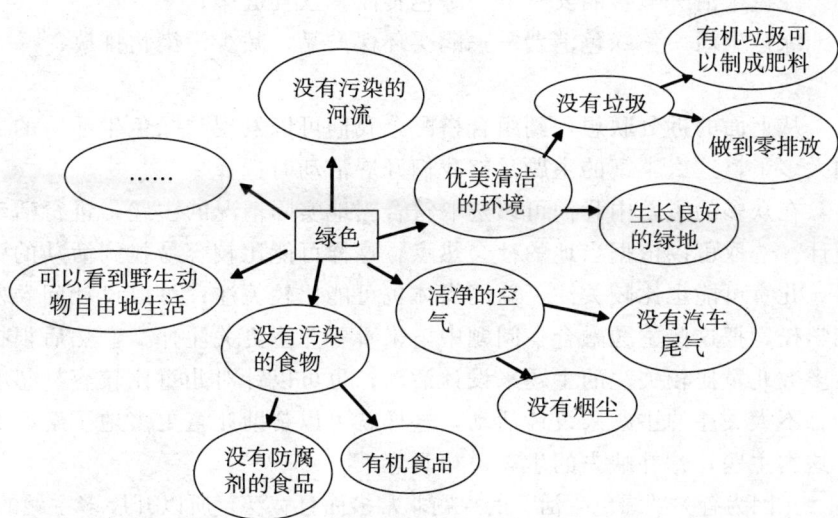

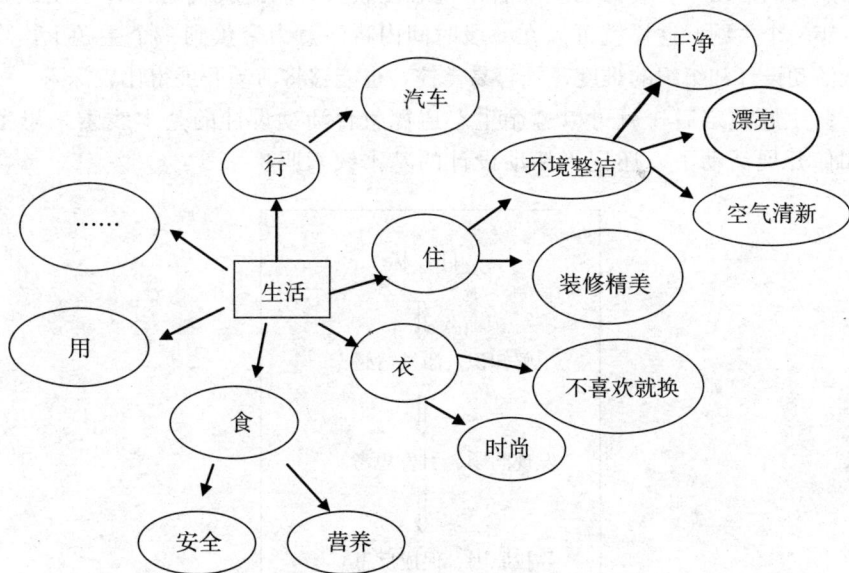

这只是个例子，您还可以一层层地联想很多。

把对"绿色"和"生活"的联想结合起来，会出现很多种排列组合，比如：

绿色生活——远离垃圾——循环利用、重复使用，减少垃圾排放量；

绿色生活——食品安全——绿色食品，饮食健康；

绿色生活——绿色消费——购买环保产品，减少污染物排放；

……

从上面的拆分联想，到组合搭配，我们可以发现"绿色生活"的主题太多了，这么丰富的主题足够我们开展活动时选择。

在众多的主题中我们可以选取符合当地实际情况的主题，进行活动设计。选取可以依据当地的社会热点，这样可能比较容易找到活动的资料，儿童可能也比较关注，新闻媒体也可能比较关注；可以设计问卷发到学校，把这些主题融合在问题中，来看看儿童更关注什么，然后根据大多数儿童比较关注的主题来设计活动；也可以针对儿童比较容易忽略的、不太关注的主题来设计活动，这样就可以帮助儿童更多地了解、关注这类主题，弥补缺失的生态道德观念。

正因为有关"绿色生活"的主题非常多而且宽泛，所以开展多主题的、散点式的活动，对于活动组织者来说难度较大。因此我们可以每季度或者每年一个主题，这样就可以在一段时间内将注意力聚焦到一个主题上，降低活动设计和组织的难度，既容易掌控，也能够将活动开展得比较深入。

主题选定后，就可以遵循生态道德教育活动设计的基本线索来思考如何开展活动了。还记得活动设计的基本线索吗？

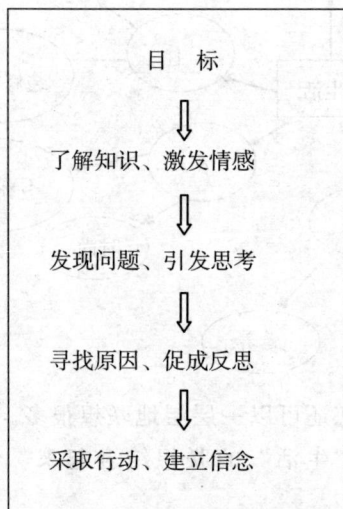

目　标

⇓

了解知识、激发情感

⇓

发现问题、引发思考

⇓

寻找原因、促成反思

⇓

采取行动、建立信念

节能减排是社会普遍关注的热点问题，我们假定以此为主题，设计、开展"节能减排——我的绿色生活"活动。

为了设计活动，我们查阅到了一些资料，还有两项活动案例。

## 文字资料：1秒钟，地球在发生什么？

1秒钟　全球排放的二氧化碳达 39 万立方米，相当于 32 栋体育馆的容积。

因大量使用煤和石油等石化燃料，1秒钟内会有 762 吨（即 39 万立方米）二氧化碳气体被排放到空气中。这个排放量是 1950 年的 4 倍，其中的 384 吨因无法被吸收而不断地被蓄积起来，致使大气中二氧化碳的浓度增加。这便是使地球产生温室效应的最大原因。

众所周知，森林中的树木可吸收二氧化碳并将其转化成氧气。但是，即使有 5 万棵杉树，其 1 秒钟内能够吸收的二氧化碳充其量也不过 0.01 立方米而已。

1秒钟　全球大气中减少了可供 140 万人用 1 天（710 吨）的氧气。

就在你一眨眼的瞬间，全球大气中减少了 710 吨（50 万立方米）氧气。这些氧气可供 140 万人用 1 天！

根据加利福尼亚大学的研究，1993 年到 2000 年，大气中平均每天减少 224 亿吨氧气。主要原因是由于石化燃料和燃烧需大量消耗空气中的氧气。另外，由于森林砍伐和海洋污染，使氧气的供应源也在逐渐减少。

人类人均每天消耗 360 升氧气。作为维持人的肌体不可缺少的氧气，正在逐年地减少！

1秒钟　全世界使用 252 吨石化燃料，相当于 63 辆卡车的装载量。

有这样一种说法，煤和石油等石化燃料是"昔日太阳能的罐头"。煤是在古生代、石油是在恐龙出没的中生代，由埋入地下的生物资源经过漫长岁月的沉积变化形成的。现代的生活以迅速地消耗这些宝贵的资源为支撑。如果继续以现在的速度使用石油，那么在短短的 42 年之后，现在已探明的石油将被消耗殆尽。

1秒钟　全世界生产 4.7 公斤氟利昂气体。

氟利昂之所以有名，是因为它会破坏保护地球不被紫外线过度照射的保护层——"臭氧层"。氟利昂曾经被广泛用作空调、冰箱的制冷剂、发泡剂和精密仪器的清洗剂。自1987年通过了关于保护臭氧层的《蒙特利尔议定书》之后，氟利昂的世界总产量比顶峰时期有了大幅度下降。然而，仍有大量已经售出的和用毕的产品继续向大气中释放着氟利昂气体。

## 活动案例：1. 麻烦但可行的事

**活动目的：**通过对日常现象的重新认识，使儿童反思自己的行为，养成节约的良好行为习惯。

**活动准备：**纸、笔。

**活动步骤：**

1. 教师列举一些生活中有助于节能减排的生活行为。请儿童回忆自己家在生活中是否会做这些事。例如：

● 定期对电冰箱的压缩机进行外部清洗，有利于电冰箱的节能。

● 电饭锅在自动断电后，应拔下电源。避免锅内温度低于70度重新启动。

● 将洗菜淘米水收集，进行重新利用。比如用于擦地、浇花等。

● 洗手、洗脸时使用脸盆，或者在不用水时关上水龙头。

● 为电视机加装防尘罩，吸入灰尘会令电视机能耗增加。

● 每年少买一件衣服，这样也会减少对资源的消耗，减少废水、废气的排放，减少因为加工衣料而消耗的能源。

● 旧衣服重新改造成布袋子、椅垫等物品，减少废弃物的排放。

● 做到每一张纸都两面用，减少资源的消耗和加工纸张时排放的废物以及能源的消耗。

● 尽量购买应季的蔬菜和水果，这样也可以减少能源的消耗。

2. 教师组织儿童分组交流讨论：

这些事情做起来是否很麻烦，有没有必要做？为什么？

自己能不能去做这些事情？哪些做了，哪些还没做？为什么？

3. 受到这些事情的启发，让儿童再列举在自己的家庭生活中还可以做哪些类似的事情。

4. 组织儿童每人制作一张"麻烦但可行的事"家庭节能减排行为

目录单，回家后讲解给家长听，然后和家长一起尝试着去做。

5. 一个月后，召开班级交流会，大家交流这一个月的感受和新的发现。

## 活动案例：2. 旧衣服巧利用

**活动目的：**通过对家庭中旧衣服问题的调查研究，帮助儿童理解简约生活的意义，让儿童总结出有效的旧衣物巧利用的方法。

**活动准备：**纸、笔、便携式弹簧秤、一个大的布口袋。

**活动步骤：**

1. 学生调查自己居住的居民楼中的各个家庭旧衣服的积压情况。

挨家挨户调查并计算：每户常年积压、准备处理掉的旧衣物有多少件？共有多重？都是哪类衣物？分别实际使用了多少年？每年新购置几件衣物？其中为家中的18岁以下青少年购置几件？

根据调查结果计算整个居民楼旧衣服的大约重量。计算假设所居住的社区每个居民楼都积压这么多旧衣物的话，看看结果是什么。是不是很令人吃惊？

自己设计一个调查记录统计表，将上述调查和计算的结果记录下来。

根据调查，统计自己生活的社区所有家庭平均每户每年买多少件新衣服。讨论这些衣物中有多少不是必需的，可以不买或少买。这样可以减少多少旧衣物的量。

2. 查阅资料，了解各个国家和地区对旧衣服再利用的好办法。

通过互联网搜集有关旧衣服循环利用的方法。下面是某同学从网上了解到的关于旧衣服回收的做法：

- 美国有回收旧衣服的"跳蚤市场"，有翻新改造的"旧衣吧"。
- 中国台湾有回收旧衣服的"衣衣不舍"。
- 法国有"家庭旧货清理日"，有回收旧衣服制造新纺织品的工厂。
- 德国有"家门口旧衣服交换交易"，有用旧衣服做地毯、汽车靠垫等产品的工厂。
- 日本、美国、比利时还有专门的企业回收旧衣服。

3. 用旧衣服自己设计一个小制作。

用自己家的旧衣物设计制作一件实用美观的物品，送给自己的父母或朋友。

教师提供几件旧衣物巧改造的作品供儿童参考。

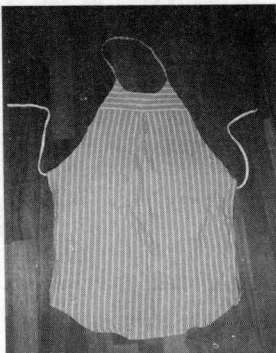

旧衬衫改围裙

旧衣做鞋套

旧床单做抱枕

旧牛仔裤改成休闲包

4. 展示交流。

将儿童的小制作放在一起举办一个展览，由儿童投票评选出最佳作品。

教师和儿童一起总结旧衣物巧利用的方法，并将这些方法结合儿童的作品和调查结果制作一份宣传材料，发给全校的儿童和社区的居民，号召更多的人减少衣物的购置，将旧衣物再利用，减少旧衣物的废弃量。

请您利用上述这些资料和案例来设计"节能减排——我的绿色生活"活动。对于文字资料，您准备在＿＿＿＿＿＿＿＿＿＿＿＿＿＿＿

环节使用它，您的利用方法是 _____

_____；

　　对于第 1 个案例，您准备在 _____

环节使用它，您的利用方法是 _____

_____；

　　对于第 2 个案例，您准备在 _____

环节使用它，您的利用方法是 _____

_____。

　　看看下面这些做法是否可行。

　　上面的文字资料主要是告诉我们过度排放二氧化碳等温室气体会带来的严重后果，而且是站在全球的角度来举例的。如果我们仅使用它作为第一个"了解知识、激发情感"环节的知识普及内容，显然是不够的。原因至少有这样几点：

- 没有与我们的日常生活建立直接的联系。
- 没有更为形象的内容帮助儿童理解，触动情感的力量不足。
- 没有与当地的实际相结合。

因此，我们可以作这样一些补充：

- 查阅一些视频、照片等资料，或者制作一些 Flash 动画，配上这些数字，使知识的内容变得形象，在感官上增强冲击力。
- 同时在图片、视频等资料中还要包括反映"这些被排放出来的温室气体，大多是我们人类在生活、生产中造成的"这样的内容，列举 1~2 个日常生活的例子，比如生产一件衣服就要排放多少温室气体。
- 然后从网上下载"碳排放计算器"，让儿童计算一下，自己的日常生活行为会造成多少温室气体的排放，使得儿童能够懂得"节能减排，人人有责"。

　　对于第 1 个活动案例，我们放在第二个环节"发现问题、引发思考"是不是更合适呢？通过"麻烦但可行的事"，来帮助儿童们发现生活中可以做很多力所能及的节能减排的事情，只是有些事情由于"嫌麻烦"或者"没有想到""不知道"等原因自己没有做到，这样既可以帮助儿童思考"节能减排与自己的关系"，又可以帮助儿童建立"只要自己下决心，就可以为节能减排作出努力"的信心。只是要把这个活动与

第一个环节的活动建立联系，同时引发出第三个环节的活动，因此需要向前、向后作延伸。在目前案例的基础上，前面加上对日常生活中"碳排放"来源的总结梳理，然后再进入活动步骤；后面在活动的结尾处加上一个进一步引发思考的步骤，比如讨论如果我们做了诸如少买一件衣服这样的小事，真的会产生大作用吗？这就引发了儿童们探索的兴趣，为第三个环节的活动奠定了基础。

对于第2个活动案例，我们可以把调查与行动分解开，调查的部分改进得更充实一些，作为第三个环节"寻找原因、促成反思"的活动。而行动部分再补充一些内容，使之成为第四个环节"采取行动、建立信念"的活动。请您将拆分改进第2个活动案例的办法跟同事们分享一下：

_____

_____

_____

第2个案例是有关"旧衣服巧利用"的节能减排活动。其实我们可以从中总结出这类调查活动的基本要点，然后用来设计家庭节水、节电、废弃物的回收利用等更多角度的活动。我们一起来总结归纳一下：

- 选定调查对象，运用称重、测量、看表读数、实验等方法进行量的统计。
- 可以设计问卷，调查人们节能减排的意识和行为，找到能号召大家一起行动的办法。
- 总结、比较数据，计算人均或者每个家庭的平均数量，计算一个地区的总量，这样就可以知道一件小事，只要大家一起努力做到，就会为节能减排作出很大的贡献；如果不做，也会造成很严重的后果。

除了以上三点，您还可以总结出的要点：_____

_____

在附录的实践案例中还有一些与日常生活相关的活动，大家可以拆分、组合，结合实际进行补充，形成具有特色的活动。

但是有一点不能忘记，在设计活动之初，必须要澄清：通过这一系列教育活动，我们希望儿童能够感悟到哪些基本的生态道德。

那么，您认为通过"我的绿色生活"系列活动，要传递的基本生态道德观念是：

_____

_____

_____

# 专题三：我的绿色责任

在前面两个专题，我们讨论了设计儿童生态道德教育活动的基本线索，体验了设计和组织的完整过程，总结了一些基本要点，并尝试了如何选择并确定活动主题，如何利用已找到的资料和附录中的实践案例进行整合、拆分、组合，来设计活动。在第三个专题中，请您运用第一、二、三章以及第四章前面两个专题中掌握的技能和您的思考所得，来改造一个儿童生态道德论坛活动，通过实践，总结基本的生态道德观念和设计组织活动的要点，以便今后能够更加自如地设计和组织儿童生态道德教育活动。

请您先回顾前面我们一起探讨的目标、理念、行动途径、活动设计思路、基本要点和一些案例。特别是第二章中有关设计儿童论坛的内容。

现在请您改进下面这个儿童生态道德论坛活动，使之既符合您当地的实际情况，又能够体现儿童生态道德教育的基本理念，实现我们的目标。

## 我的绿色责任——儿童生态道德论坛活动

**活动目的：**

● 通过组织开展论坛活动，使儿童能够学会从日常生活中去发现生态破坏的问题，积极思考和寻找造成生态破坏的原因。

● 通过上网查询资料，开展调查、观察以及科学实验等活动，培养儿童的实证精神，提高儿童的人际交往能力。

● 通过对动植物的观察和调查活动，增强学生敬畏生命的思想信念，培养一种对生命负责任的理念和关爱的精神。使学生在保护生态环境方面能够"放眼全球，着手局部"，提高生态环境意识。

● 通过论坛活动展示自己的调查结果，发表自己的观点，澄清价值，提高儿童逻辑思维能力和语言表达能力。

**活动对象和活动地点：**

小学高年级至初中生；学校、社区、家庭、公园。

**活动过程：**

**第一阶段　活动准备阶段**

● 对教师和儿童中的骨干进行论坛前的培训。

● 教师指导本学校各班级儿童分成小组，分析自己的绿色责任都体现在哪些方面；明确小组成员的任务分工；从绿色消费、绿色行为以及人与自然的关系、善待环境、善待动物、生物多样性保护等方面考虑，确定小组论坛选题。各校经过培训的骨干协助教师指导各小组的讨论。

● 由骨干介绍搜集论坛相关素材的方法，教师补充。

**第二阶段　活动实施阶段**

● 将下面这个活动作为学习材料，发给各小组。以小组为单位阅读和讨论发放的学习材料。

### 同绘四代环境图

**调查目的：**

儿童通过对父母、爷爷奶奶、太爷爷太奶奶的采访以及自己亲自的实地考察，来了解四代人儿童时期的环境状况，并用画笔描绘出不同年代该小区的环境状况。

通过绘制不同年代小区环境图，使儿童了解动植物种类和生物多样性等相关知识，懂得对自然的尊重、理解生命的价值，提高对生物多样性与人类关系方面的认识。

鼓励儿童主动反思和调节自己的生活方式，关注身边的环境问题，并开展科学探究，培养儿童接触社会、接触自然、表达交流、分析概括等综合能力。

**调查地点：** 自己熟悉的社区或村庄

**调查材料：** 记录本和笔、长尺、照相机、绘画笔或水彩笔、大白纸。

**调查步骤：**

（1）考察地点和采访对象

选取 30 年来发展较快的社区，对不同年龄段的人们在此居住时的环境状况进行采访。每个年龄段 10 人（80～90 岁长期居住的老人；60～70 岁长期居住的老人；30～40 岁长期居住的中年人）。

儿童亲自进行实地考察。根据被采访人的描述，了解当时的环境状况。将采访结果填入下表。

| 年龄 | 在此地居住年限 | 植物种类 | 动物种类 | 建筑情况 |
|------|--------------|---------|---------|---------|
|      |              |         |         |         |
|      |              |         |         |         |
|      |              |         |         |         |

（2）绘制四代环境图

用徒步测量法估算出小区周边面积，再把实际面积按比例缩小，根据采访结果，把不同年代的环境状况用彩色笔画到大白纸上。比如北京花园路一号院小区四代环境图。

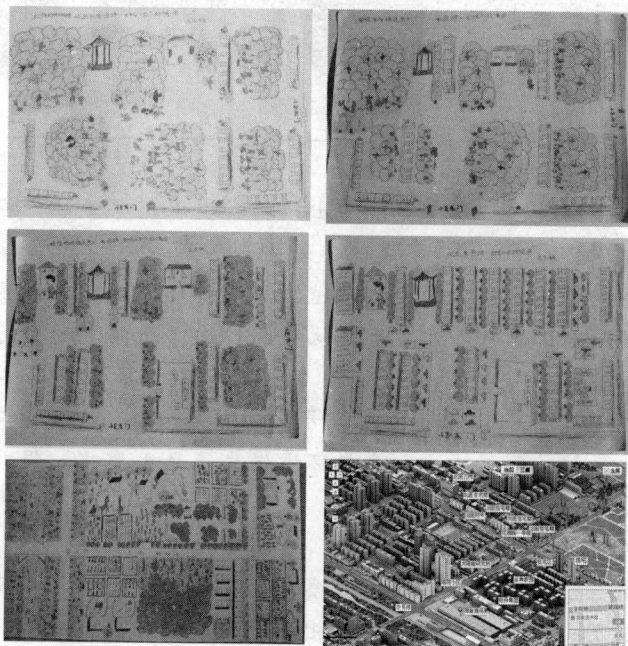

花园路一号院周边环境的今昔对比

| 地点 | 现在 | 现在真实照片 | 过去 | 过去的环境 |
|---|---|---|---|---|
| 北医三院宿舍区 | 楼房住宅楼 | | 那里是一片庄稼地 | |
| 金典家园小区 | 是个住宅小区 | | 那里种的是树，遍地长满野生植物（妈妈小时候照片） | |
| 小月河边 | 是一片人工绿地 | | 是长满野生植物的草地（太奶奶照片） | |

（3）分析四代环境图

● 从四代环境图可以清楚地看出植物种类在逐年减少，植物面积也在减少。

● 太奶奶小时候居住的地方动植物种类都非常丰富，而现在除了行道树和人工草坪，看不到其他植物，由于植物单一也导致动物减少和消失。

● 50年来北京海淀区花园路一号院及周边人口、建筑、车辆急剧增加，动植物明显减少，生态环境发生了巨大变化，保护生态环境势在必行。

（4）完成调查报告的撰写

● 针对自己的选题开展实地考察，运用观察、调查、个别访谈、实验以及文献查找等方法搜集相关资料，对相关素材进行拍照或摄像。作好详细的原始记录。

- 对所搜集到的信息资料进行整理、归纳、总结、分析和讨论。阐述小组的观点，撰写报告。
- 用图文并茂的形式制作论坛演示文稿。

**第三阶段　论坛阶段**

- 从儿童上交的研究报告中筛选出不同主题的报告参加论坛活动（或全部都参加）。
- 把论坛分为几个分论坛，每个分论坛围绕一个小主题进行，然后再组织总论坛活动，由分论坛推选代表参加。

儿童经过几个月或更长时间的亲自动手实践，完成的调查报告是论坛的主要内容，因为儿童是亲身参加，对细节清楚，印象深刻，对研究成果有深刻的感悟，对研究中所发现的问题有自己的看法，因此儿童要在规定时间利用 PPT 把自己最主要的观点表达出来。

- 请有关专家一同来参与活动，与儿童交流观点。
- 儿童将实践成果制作成展板进行展示。

**第四阶段　评价总结阶段**

- 总结经验教训。
- 编写"我们的绿色责任"优秀成果集，向更多的学校和儿童推广论坛活动。

请将您改进的主要内容要点记录在下面：

需要改进的地方　　　　　　　　　　　　原因

_____　　　_____

_____　　　_____

_____　　　_____


通过改造这个论坛活动，结合之前的探讨和思考，请谈谈您设计和组织儿童生态道德教育活动最重要的心得：

_____

_____


至此，我们已经完成了三个专题的活动设计和组织实务的探索。

儿童生态道德教育远不止这三个专题。前面我们以一些案例为参照来讨论问题，附录中还有二十多个案例，其实可以运用的活动方法、内容也远不止这些，还有很多方法和内容可以采用，我们不可能在一本书中介绍穷尽。对于真实的生活和不断变化的自然、环境和人类社会，我们每个人都不可能掌握所有的知识和技能。前面这些内容仅供参考。

作为以影响儿童价值观为最终目的的生态道德教育，最重要的力量和智慧不是上述文字，而是教育者的内心和激情。我们自己首先要成为一个具有生态道德观念并深谙其中内涵的人，"以生命来滋养生命"才会具有超强的力量，它会帮助我们找到正确的路径。儿童纯洁的心灵会感受到这一点，并会愿意与您结伴一路前行。

请记住，您才是最了解身边儿童的教师，只要以这份心，充满热情地投入活动的设计和组织中，因地制宜，因时而化，您一定会设计出最适合儿童的活动，把儿童生态道德教育开展得风生水起，为培养具有生态道德观念的一代公民作出贡献。

为了美丽的地球家园，为了把这个世界变得越来越好，让我们一起加油！

# 附录
# 儿童生态道德教育活动实践案例

## 第一部分　与自然有关的活动

### ① 我的树

对象及人数：小学三年级至初中二年级，20～40人。

时间及地点：户外比较安全的区域，比如公园、居民楼间的绿地、房前屋后的院子等。活动时间1～1.5小时。

**一、背景概述**

尊重、公平和关怀是很抽象的，我们经常听见"你不尊重我""这事不公平""没人关心我"等这样的话。人与人之间尚且如此，当人与自然界中其他的生命发生关系时，怎样才是"尊重"，如何做才算"公平"，什么举动才是"关怀"，都需要在与自然界中的生命个体真实的具体接触中才能感悟。这个活动就是试图通过帮助儿童真正以一种平等的心态，像对待自己的伙伴一样对待一棵大树，与大树交朋友，用不伤害任何自然生命、不打扰"他们"生活的办法，不但了解大树本身，还了解与"他"的生活密切相关的其他自然事物，在了解的过程中理解这些抽象的观念。

**二、材料**

一面写过字的白纸、彩色画笔、铅笔、小木棍、放大镜。

**三、步骤**

1. 在校园、自己家的附近或者经常去的公园中，寻找一棵自己认为最棒的树。然后用自己的感官去了解这位大树朋友：看看"他"的外貌，抚摸"他"的皮肤，听听"他"的心跳和肢体抖动的声音，闻一闻"他"的气味（树干、树叶，也许还有花），抱一抱"他"有多"胖"，和"他"比一比身高。还有，"他"喜欢温暖，还是阴冷？"他"喜欢与其他生物共同生活在一起吗？

把这棵大树画在纸上，把自己用感官感受到的结果也标注出来。

2. 找到了最棒的树就可以开始拜访大树的家庭成员了。不过"他们"都在大树的各个角落忙着自己的事情，所以你要细心地寻找才能一一会见"他们"。

寻找的过程除了要仔细之外，还有一些小窍门。任何一种生命活动都会留下痕迹，比如足迹、叫声、卵、食物的残渣、被咬过的叶片、黏液、吐出的丝、脱落的毛发、掉下的残肢等。所谓窍门就是注意这些生命活动的痕迹，通过这些信息去发现留下这些痕迹的小动物。

另外，在整个过程中一定要记住：我们只是客人，要友好地对待"他们"，"他们"才会友好地对待我们。尽可能不要打扰"他们"，这样才能发现"他们"在做什么。如果真的发生了毛毛虫掉在身上的事也不要生气，因为可能是我们挡住了"他"活动的路线，才会发生这样的事，可以用小木棍把"他"放回树上或地上就行了。

3. 每当发现一个大树的家庭成员，就把"他"画下来。同时在画好的大树上标出"他"活动的位置。要给每一个成员画一张特写，也是一件不太容易的事，因为要描绘出"他"的形态，各部分的颜色等，而且有些成员很小，必须借助放大镜才能看清楚。但是，当你通过努力全都完成后，就会获得一张充满生命活力的，独一无二而且有趣的图画，更会了解很多有关生命的秘密。

4. 仔细思考以下问题，都搞清楚了以后就把自己的大树朋友介绍给全班同学。一定要用上自己观察和思考的结果。

● 有多少种小动物住在这棵大树上？"他们"叫什么名字？

● 这些小动物哪些是一生都不搬家的？哪些是临时住在这里？哪些也像我们一样只是来做客，停歇一会儿呢？

● 哪些小动物住在大树树冠的枝叶中？哪些住在树干上？哪些住在树根的部分？

● 这些以树为家的小动物每天都在做什么？"他们"做的事对大树的生存是有伤害还是有帮助？大树仅仅是"他们"的家吗？

● 这些小动物之间有什么样的关系呢？

思考了这些问题后，你觉得是用"大家庭"来形容这棵大树和以

"他"为家的小动物们恰当，还是用每层都有不同住户的"大楼"来形容更恰当？和同伴一起来分享活动的体验。互相讨论上面这些问题，看看别人有什么好的想法。

【活动引导提示】

1. 体现生态道德品质和相关的价值取向

这个活动以培养"尊重、公平、关怀"为核心，因此从引发儿童关注身边的大树开始，教师就要以对待"人"一样的心态和语言引导儿童对大树的关注，也就是首先要转换"视角"，即从看"物"的角度，转换为看"一个像人一样的、独立的生命"的角度。比如可以这样引入：

夏天的树木枝繁叶茂，浓密的树叶遮挡了强烈的阳光，我们都喜欢在树下乘凉。不过，在乘凉的时候经常会有一些小动物造访，比如毛毛虫掉在身上，蚂蚁爬到了脚面上，还有知了在头顶上不停地叫着……

大树为我们提供了乘凉的场所，但是我们对大树来说可能只是个停留一会儿的客人。大树真正的家庭成员都在哪儿呢？"大树"这个朋友有什么性格，生活得好吗？

然后就是指导儿童在观察的时候要用不伤害任何生命、不打扰"他们"生活的办法去观察。可以与儿童讨论自己在这个过程中是什么身份，然后明确这样的观点：

- 在这个过程中"我们是来访的客人，不是主人"；
- "大树是有生命的，'他'也有自己的独特之处"；
- "其他的小动物和植物也是有生命的，他们都有自己的家，自己喜欢的食物，还有自己的伙伴，也有敌人，就像我们人类一样"；
- "大树家中的每一位客人都很重要，没有尊卑贵贱，'他们'彼此关系密切"等。

活动后一定要组织讨论，分享收获与体会，甚至可以让儿童讲一讲活动中有趣的事，帮助儿童感悟到：

- 自然中的每种生物都有自己生存的价值，不应该以人的好恶来判断是有益的还是有害的；
- 大树提供给我们，还有其他生物很多帮助，我们也要关心"他"生活得好不好；
- 尊重，就意味着不能打扰"他们"的生活，不能伤害"他们"，要让"他们"按照自己本来的方式自由自在地生活。

## 2. 对于活动方法的解读

这个活动采用了体验式学习的方法，通过儿童自己寻找"树"朋友，用感官多角度地观察和了解这棵树，多侧面观察以树为家、为食、为停歇场所的动物和植物，建立对"生态系统"的直接经验，直观地了解和体验生物之间密不可分的关系，之后与同伴分享，然后用问题引导儿童思考和梳理自己的发现与感悟，最后教师帮助儿童提炼总结，提升儿童对自然的理解。也就是"体验—分享感受—分析思考—提炼观点，加深理解"的过程。

其中比较关键的，一是教师不能代替儿童，一定要让儿童自己完成整个过程；二是教师要与儿童分享自己的观察和感受，以及对自然的理解。

## 3. 强化儿童参与，灵活运用本活动的建议

本项活动了解的是树，其实可以用相同的方法了解任何一种动物或植物。关键是活动中体现的价值观和对生物之间关系的理解。因此如果更好地体现"儿童参与"，可以让儿童自己选择要了解、观察的自然事物，而不局限于"树"，这样儿童的主动性会更强。

另外，有的教师会说："这个活动太个体了，我们要组织面向很多学校、很多学生参加的大活动，这个活动还能用吗？"回答是肯定的。因为任何一个大活动要落到实处，都必须将很多人分解组织成小单元，比如小组，然后开展活动。亲近自然的活动更是如此，很难想象轰轰烈烈的几百人进入一个树林去集体体验自然，势必要分成小组或者个体，分头去体验，然后逐层分享，将有代表性的典型的例子提炼出来作为大家借鉴的经验。这个活动就可以运用于一个以"亲近自然"为主题的大型活动中，可以把它作为其中一项观察自然、了解自然的活动，分组进行或者个人进行，然后分层分享。特别是在夏令营中，可以作为自然观察的一个活动，儿童会很喜欢，很好用。

## 4. 这个活动所涉及的生态保护的知识和技能点

教师要引导儿童理解以树为家的，不仅仅是动物，还有一些植物。每当在山林漫步的时候，经常会发现一些藤蔓植物缠绕在树上，还有一些植物附生在树干上，比如热带丛林中的一些兰科的植物。还有一些真菌会生长在树的根部或者枝条上。不同的地理环境，以树为家的成员会有很大的不同。树也不仅仅是"家"，很多时候还是食物的来源。一棵

大树就是一个小小的生态系统，树与生活在其中的动植物构成了互相依存的生命网络，这里面每时每刻都在发生着有趣的故事。如果这些树没有了，那么那些动物也无法生存了。因此在改变自然环境时要谨慎，要仔细了解和爱护自然中的各种生物。

②　制作生物链风铃

对象及人数：小学四年级至初中二年级的儿童。

时间及地点：室内，40分钟～1小时。

**一、背景概述**

生活中经常会听到这样的对话："这些昆虫能够吃掉很多危害庄稼的害虫，所以这些昆虫是益虫，我们要好好保护。""是啊，要是有一天那些害虫都被消灭掉，永远从地球上消失就好了。"从人类需要粮食丰收的角度看，这似乎是对的。但是从生态平衡的角度看，这样的价值观就会导致出现严重的生态问题，因为即便是所谓的害虫，也是自然界生物链中的一环，如果这一环被消灭了，同样会造成生态失衡。因此以保护生态平衡为出发点，"公平"的对待每一种生物才是应该倡导的生态道德。

**二、材料**

彩色纸、彩笔、剪刀、胶水、棉线、铃铛。

**三、步骤**

1. 头脑风暴：选取儿童熟悉的当地某一自然区域为生态环境背景，请儿童说出这个自然区域中生活的生物。教师把大家想到的生物记录在黑板上。

2. 如果有条件，最好给儿童展示这些生物的图片，如果没有，也要请儿童描述这些生物的形态。然后请儿童写出：在这些生物中喜欢哪些，不喜欢哪些。

请儿童按照从"最重要"到"最不重要"的顺序给这些生物排位。

请一些儿童宣读自己的答案，并说明理由。

3. 儿童与教师一起边讨论边对这些生物进行分类。比如可以分成昆虫和爬行动物等；也可以分成益虫和害虫；或者分成水里生活的和树上生活的；分成吃植物的和吃肉食的等。

通过分类，找一找它们彼此之间的关系。大家一起再次讨论：

对于这一片自然区域，这些生物的存在是否都很重要？如果把我们不喜欢的、认为不太重要的生物赶走，或者消灭掉，会带来什么结果？应该怎样看待这些生物？

4. 在上面讨论的基础上，教师带领儿童按照生产者、初级消费者、次级消费者、分解者四类（并不需要对儿童说出这些名词，而是要用儿童能明白的语言解释）将这些生物重新分类，并用箭头画出它们之间的关系。

与刚才的分类相比较，看看这样分类后，这些生物的位置有什么变化。

请儿童谈谈自己的想法。

5. 儿童自由组成小组，每个小组至少制作一套生物风铃。

具体方法：

● 小组成员讨论并确定选择哪些生物来制作风铃。这些生物必须包括生产者、初级消费者、次级消费者、分解者。

● 小组成员分工，画出这些生物。注意！每一个生物图案都要画成左右（镜面）对称的两张。

● 画好后，把图案剪下来，背对背贴好，把棉线贴在中间。四种生物要按照生物链的关系在棉线上排出上、下顺序。

● 最后把铃铛拴在棉线的下端，风铃就做好了。

6. 大家把做好的风铃挂起来，互相欣赏。制作者向大家讲解：

● 为什么我们小组会选择这些生物？

● 这些生物之间的关系是什么？

● 我们小组生物风铃作品的寓意是什么？

【活动引导提示】

1. 体现生态道德品质和相关的价值取向

这个活动主要是希望儿童能够体会到：对于自然来说，每种生物都有其生存的价值，人类无权决定其他物种是否应该存在在地球上。"尊重每种生物生存的价值，公平对待每种生物的生存权利"是以自然为中心的生态道德观念。

在这个活动中，主要是通过层层深入的讨论、分享来逐步澄清这个观念，并以动手制作活动使儿童表达出自己对这个问题的理解。因此，教师的引导语很重要，不能一上来就给出这个观念，而是要让儿童充分表达出自己真实的想法后，再以不同角度的分类活动来帮助儿童站在不同的视角重新思考这个问题，同时教师要用实例来分享自己对这个问题的理解，这样儿童就可以形成比较和分析，最后得出自己的感悟。

2. 对于活动方法的解读

这个活动中，比较有特点的是不同角度的分类活动和动手制作活动。

多角度的分类活动重在分类的出发点不同。不同的出发点意味着对自然的不同理解。因此教师要尽量顺其自然，让儿童按照自己的理解和意愿进行分类，展现内心真实的想法，最后再抛出生物链的分类方式。这样才能对儿童原有的价值观念产生强烈的冲击，引起注意，进而激发其思考问题的兴趣，并对"公平"的观念形成深刻的印象。

动手制作的方法主要是活跃气氛，给儿童表达想法提供一个好玩的方式，而且也可以展现他们的才能。因此在活动中主要是提醒儿童注意安全，并提供充足的制作材料，鼓励他们出新出奇。重在让儿童觉得好玩，能充分表现出来。

3. 灵活应用这个活动的建议

这个活动其实也可以倒过来用，也就是先让儿童按照自己的真实想法制作一个风铃，然后讨论，之后再换个思路制作一个新的风铃，这样动、静结合，交替进行，效果也很好。而且制作的内容不仅限于生物链，还可以用于有关自然的其他内容，比如植物种子风铃、药用植物风铃等。

此项活动比较适合于夏令营和大型活动的成果展示。夏令营的活动除了参观、考察、观察记录、实验等，增加动手制作的活动，会满足儿童自己动手做的愿望，而且可以作为一个作品带回家，很有成就感。大型活动的成果展示往往以展板、书籍等印刷品作为展现的方式，比较单调。这个活动一方面可以用在大型活动的先导阶段，帮助儿童澄清观念，更好地参与后面的活动，又可以通过制作留下可供展示的成果，丰富展示的形式和内容，一举两得。

4. 这个活动中需要注意的知识技能点

风铃要想足够漂亮，一定要给生物涂上鲜艳的颜色，所以告诉儿童不一定要按照自然界真实的颜色来画，可以让儿童充分发挥想象力。

风铃做好后，一定要请儿童说说自己制作的风铃中的生物之间都有怎样的关系。我们要保护其中的某种生物时，只是不伤害它本身就足够吗？

### ③ 神秘小径

对象及人数：小学各年级儿童，20～40 人。

时间及地点：室外绿地环境，1 小时。

#### 一、背景概述

这个活动主要是通过探索发现的方式，在使儿童学习了解动物保护色的同时，感受到自然的智慧。在活动中对游戏规则的遵守，也可以培养儿童诚信的品质。

#### 二、材料

塑料动物模型。

#### 三、步骤

1. 教师事先选好活动地点：将 20 多个塑料动物模型依次安放在草丛里，或者藏在树叶和枝杈间。安放时要每间隔 1 米左右放一个动物。大约 20 米长，形成一条神秘小径。

2. 组织儿童间隔 2 米距离排成一队，在这条神秘小径边向草丛中和树上仔细观察，用眼睛寻找那些事先安放好的动物模型。注意，绝不能走到草丛里，用手拨开草丛或树叶，或者用脚踢来踢去寻找。只能用眼睛观察。

3. 儿童不能说话，看到了"藏着的动物"就记在心里。

4. 走完整个行程后到教师那里汇报看到的动物数量和名称。

5. 如果还想再看一遍，就要到后面排队进行第二次观察。

6. 等大家都看完后，教师带领儿童边讲解，边一起找出藏的动物。然后让儿童说说：

为什么有些动物容易找到，有些不容易找到？

我们现在用的一些物品或技术中，哪些是受到自然中的动物或植物的生存技巧的启发？

#### 【活动引导提示】

1. 体现生态道德品质和相关的价值取向

这项活动重在激发儿童学习和探索自然奥秘的热情，认同向自然学习的观念，因此要让儿童从保护色、拟态等动物生存的技巧联想到因受到这些启发而导致人类发明的技术和用品，使儿童理解向自然学习的重要性和趣味性。

同时活动的成功还必须要求儿童遵守游戏规则，特别是在看到别人比自己发现得多，自己心里很着急，很不服气的时候。因此要对没有遵守规则的儿童公开提示，并明确指出其错误之处，也要表扬遵守规则的儿童，哪怕他是发现动物数量最少的一个。用实例指出投机取巧得到的知识是靠不住的，往往是不正确的。"诚信"在探索自然，向自然学习中是必需的道德品质。

2. 对于活动方法的解读

此项活动运用的是自然游戏的方法。自然游戏活动一般都选择在真实的自然环境中进行。教师借助自然环境，创设一种方便儿童体验自然现象，发现自然事物及其变化规律的情境，确定一项或多项任务，在具有发现和探索性质的游戏中完成任务，获得直接的体验和感悟。关键点在于任务不能太容易就全部完成，也不能太难而完全无法完成，而且情境也要尽可能真实。在任务完成后一定要进行回顾和分享，这样才能帮助儿童把直接经验提炼转化为观念。

在这个活动中，任务是发现隐藏的动物，所以藏的时候就要动脑筋，不能太容易，也不能什么都找不到。藏的动物模型不论从颜色还是体态上都要尽量逼真，与环境颜色相匹配。活动后教师一定要带领大家一起把藏的动物让成功发现者找出来，这样能增加儿童的成就感，很好地激发探索的热情。那些大家都没找到的，教师要像魔术揭秘一样揭晓谜底，儿童这时候一般都会由衷地发出赞叹，自然的神奇、动物的生存智慧给儿童的心灵带来极大的冲击，这比书本上的死知识来得直接，有震撼力，能给他们留下深刻的印象。这时候适时地回顾、分析和引导思考就很有效了。

3. 灵活应用这个活动的建议

这个自然游戏适合在野外进行，特别是在夏令营活动中更适宜。

设定的内容可以不仅是关于保护色的，还可以扩展到自然中的很多现象，也可以扩展到有关认识环境污染知识等方面。比如把人们游玩中经常扔到自然中的垃圾代替动物模型，并混合一些动物的食物模型，食物模型与垃圾的形状和颜色要非常接近，让儿童体验自然界中的动物找食吃的时候，看到垃圾和食物混在一起藏在草坪中不知所措的感受。

4. 这个活动中需要注意的知识技能点

生物外表颜色与周围环境相类似，这种颜色叫保护色。生物的保护色、警戒色和拟态是由自然选择决定的。生物在长期的自然选择中，形成了形形色色功能不同的保护色。它们就是靠保护色避过敌人，在生存竞争中保存自己。

比如北方雪地上的所有动物，不管是北极熊，还是北极狐，它们的毛色都是白色的，在雪的背景下简直看不出来。特别是变色龙，它是蜥蜴的一种，是典型的具有保护色的动物，它能在周围环境对光线的反射中迅速地改变体色。

还有很多生物，不只是颜色改变，连外形都变了，比如枯叶蝶，它们停息在树枝上，像一片片枯树叶。竹节虫体态如同竹节，停留在竹枝上，也叫人难以分辨。

④ 自然告诉我

对象及人数：小学各年级儿童；20～40人。

时间及地点：一条比较干净的河或一片比较干净的湖面，另一处有明显污染的河或湖，3～4小时。

一、背景概述

这个活动主要是通过探索，发现不同水质的天然水体中生活的水生生物种类，使儿童了解指示性生物知识的同时，感受到一些困扰我们的问题可以从自然中找到办法解决，从而感受到大自然可以教会我们很多，我们应该很好地向自然学习。活动中认真观察和记录的过程，也培养了学生负责、诚信的品质。

二、材料

水网（比捞鱼虫的那种网眼再密一些）、白色的瓷盘、放大镜、普通的显微镜、载玻片、盖玻片、记录本、笔。

三、步骤

1. 教师要宣布注意事项，特别强调注意安全。

2. 把儿童分成小组，每个组发一套材料。每个小组推选出一位组长。组长带领小组成员讨论并确定出每位组员的分工。

3. 在教师的带领下，各小组一起先到比较干净的湖或河边。教师先勘察好哪些地方比较容易下水网。然后让各小组到这些取水点，先用水网在水里画八字，然后把捞到的水生生物带水一起放到白瓷盘中。

4. 小组按照分工用放大镜仔细观察瓷盘里用肉眼能看见的生物。一一记录下来。

5. 用滴管吸取一滴瓷盘里的河水或湖水，滴在载玻片中间，盖上盖玻片，制作一个显微镜观察用的装片。用显微镜观察，记录观察到的生物。不认识不要紧，可以画下来，然后再查书。

6. 在岸边观察和记录那些可以看见的水生植物和在河里或湖里生活的动物，比如水鸟。

7. 用同样的方法到那片污染比较严重的河或湖区去调查，并记录。

8. 各小组比较在两处不同水质的河或湖区调查的结果，看看有什么不同。哪些生物只生活在干净的河里或湖里？哪些只生活在有污染的河里或湖里？哪些在这两处都能生活？把这些发现列举出来。

那些只能生活在干净的河里或湖里的生物就可以提示我们，这里很干净；而那些只能生活在污染水质里的生物也同样可以告诉我们，这里的水可不干净，有污染呀！有了这些具有指示作用的生物，我们就可以不用化学测定的方法来知晓水体大致的状况，这样比较直观，也可以少用一些化学药剂。

9. 用自己的发现再去观察一处河或湖，判断它的水质大致状况如何。

10. 上网再了解一些有关生物指示方面的知识，与大家一起交流分享。

11. 教师组织大家一起讨论，为什么要向自然学习，应该怎样学习，学习什么？

【活动引导提示】

1. 体现生态道德品质和相关的价值取向

这项活动重在通过探索，使儿童获得"大自然可以告诉我答案"的直接经验，从而理解为什么要向自然学习。因此，教师在指导中要让儿童自己仔细观察，准确记录，认真地比较，自己得出答案，这样才能有助于儿童的理解。

在调查过程中，教师要表扬那些能够忠实于自己的观察、看到什么就记录什么、不编造数据、也不凭印象记录的儿童；同时要指出儿童的一些错误做法，这样的体验过程才有助于培养"诚信"的品质，这在探索自然中是必需的。

还有一点非常重要，就是在观察完成后，要让儿童把瓷盘里的生物放回水里，不要伤害它们，以实际行动兑现尊重生命的承诺。

2. 对于活动方法的解读

这个活动运用的是一种比较简单的探究活动方法。通过从自然中提取样品，对样品进行仔细观察、统计、记录，然后再对不同环境中样品的观察结果进行比较、分析，得出具有普遍意义的规律，也就是结论。之后，运用得出的结论对自然中的现象进行分析判断，看看这个规律是否真正具有普遍意义，也就是要通过实践对结论进行检验，看是否满足科学上的可重复的要求。这是一个完整的探究过程。这样的方法可以用来研究解决儿童在生活中，或者在探索自然中发现的问题，只是具体运用的实验、观察、测量等科学方法不同而已。

3. 灵活应用这个活动的建议

这个活动可以用在有关天然水体的教育活动中，比如小区中的池塘，公园中的人工湖，家乡河流的调查等。因其以儿童小组为单位深入探究问题，所以可以使主题教育活动开展得深入，儿童的参与程度很高。教师还可以将探究调查的步骤、方法编成小调查手册或任务单，这样可以帮助儿童更好地探究，也可以比较容易看到儿童的参与过程和真正的收获，作为活动成果也是很好的。

这个活动所体现出的探究活动的方法可以广泛运用于任何自然探索的内容，而不局限于水环境指示生物的问题。

4. 这个活动中需要注意的知识技能点

教师在指导儿童观察记录的时候，儿童通常会问"这个虫子叫什么？""那个叫什么？"所以希望教师事先查阅一些有关天然水体水质生物监测方面的资料，或者从网上下载一些图片资料，这样便于检索查阅。也可以让儿童描绘下来，再查阅书籍。如果有条件的话，还可以进行显微摄影，拍下来。

再有，就是要指导儿童正确使用显微镜。

⑤ **达成共识活动**

对象及人数：小学高年级和初中儿童，20～40人。

时间及地点：室内，45分钟。

**一、背景概述**

学习、自制和关怀，对于儿童来说还比较抽象，但在日常生活中，儿童需要学习知识技能，需要自我约束，需要相互关心。那么我们在与物质发生关系的时候，是不是也会学习如何有效地使用它，如何约束自己不去破坏它，如何去关心爱护它。如果教师直接告诉儿童如何去做，他们的印象不会深刻。下面就通过体验式的活动，让儿童自己独立思考，与组内同伴展开讨论，发表自己观点的同时也倾听别人的意见，在不断的争论、用证据说服的过程中最后达成共识。这样不仅可加深儿童对地球水资源分布情况的了解，更主要的是让儿童自己发现并认识到地球上淡水资源匮乏的现状。

**二、材料**

关于世界水资源情况的选项表、统计表、黑板、粉笔。

**三、步骤**

1. 将全班儿童分成若干组，每组4～6人。

2. 教师简要讲解地球上咸湖、内海、地下咸水等水资源形成的原因。

3. 将地球水资源情况选项表发给每个儿童，先进行个人独立思考，将各种形式的世界水资源储量的多少从大到小排序，将序号填在个人猜测值一栏（请先不要看标准答案）。

4. 在小组内，每个人发表自己的看法，说出自己这样排序的理由。

5. 最后小组讨论，取得一致意见而达成共识。个人也可保留自己的意见。

6. 将小组讨论的结果填写在小组讨论值一栏。

表1 世界水资源分布排序的名次表

| 项目 | 个人猜测值 | 与实际差值 | 小组讨论值 | 与实际差值 | 实际值 |
|---|---|---|---|---|---|
| 世界海洋 | | | | | |
| 咸湖和内海 | | | | | |
| 地下咸水 | | | | | |
| 土壤水 | | | | | |

续表

| 项目 | 个人猜测值 | 与实际差值 | 小组讨论值 | 与实际差值 | 实际值 |
|---|---|---|---|---|---|
| 冰冠和冰川 | | | | | |
| 大气中的水 | | | | | |
| 河流 | | | | | |
| 地下淡水 | | | | | |
| 淡水湖 | | | | | |
| 其他（生物水、永冻土） | | | | | |

7. 各小组代表把本组讨论达成共识后的排序写在黑板上并说出排序的理由。

表2　各组达成共识后的世界水资源分布排序表

| 小组<br>项目 | 一组 | | 二组 | | 三组 | | 四组 | | 五组 | | 六组 | | 正确答案 |
|---|---|---|---|---|---|---|---|---|---|---|---|---|---|
| | 序号 | 差 | 序号 | 差 | 序号 | 差 | 序号 | 差 | 序号 | 差 | 序号 | 差 | |
| 世界海洋 | | | | | | | | | | | | | |
| 咸湖和内海 | | | | | | | | | | | | | |
| 地下咸水 | | | | | | | | | | | | | |
| 土壤水 | | | | | | | | | | | | | |
| 冰冠和冰川 | | | | | | | | | | | | | |
| 大气中的水 | | | | | | | | | | | | | |
| 河流 | | | | | | | | | | | | | |
| 地下淡水 | | | | | | | | | | | | | |
| 淡水湖 | | | | | | | | | | | | | |
| 其他（生物水、永冻土） | | | | | | | | | | | | | |
| 差值之和 | | | | | | | | | | | | | |

8. 教师公布正确答案，用正确的序号减去小组的排序序号所得结

果的绝对值即各组差值。

9. 全班比较看哪个组的差值之和最小，差值之和最小的为优胜组。

10. 优胜组代表要在班上回答教师提出的问题：

● 保护淡水资源你能做些什么？

● 怎样做到节约用水，具体有什么好的建议？

【活动引导提示】

1. 体现生态道德品质和相关的价值取向之处

这个活动以培养儿童的"学习、自制、关怀"为目的，从了解自己身边的水资源开始，教师要以"关爱自己"的心态和语言引导儿童学习水资源的相关知识，学会约束自己的行为，关心周围水资源的现状。比如我们可这样引入：

当我们打开世界地图或面对地球仪时，我们可看到大部分的面积都是美丽的蔚蓝色，其实地球就是一个大水球。水资源是地球表面数量最多的天然物质，它覆盖了整个地球表面的70%以上，它同空气、阳光一样，在人类的生命中是无法替代的！

水是我们的生活中不可缺少的资源，为我们提供各种各样的帮助。那么，大家知道地球上的水资源如何分布吗？可以被我们利用的水资源有多少吗？我们应该怎样保护淡水资源呢？

然后，再介绍一些水资源的形成，引导儿童去思考、讨论地球上的水资源分布，让儿童认识到地球上的水资源并不是取之不尽用之不竭的，而且我们可饮用的淡水资源非常少。

最后教师公布正确的水资源分布情况，让儿童发现自己认识的不足，并纠正自己的错误观念，最终大家达成共识，认识到地球上的水虽然很多，但其中97.5%都是咸水。淡水很少，而且大部分分布在不能被人利用到的地方。

2. 对于活动方法的解读

这个活动采用教师讲解、个人思考、小组讨论的方式。首先教师介绍一些水资源的形成方式，通过儿童自己对地球上水资源分布的排序，了解了地球上水资源的分布情况；然后通过与正确答案的比较，纠正自己的错误观点，加深自己对地球上水资源分布的认识；最后，通过思考并回答问题，了解日常生活中，我们应该如何保护水资源，从而保护我们的"生命之源"。

在小组讨论中，儿童有时间和空间去思考、想象、相互交流、各抒己见、共同合作、互补互促，极大地发挥了儿童的主体作用，有利于儿童主动参与，使每个儿童都有充分表现自我的机会，又有利于儿童之间的多向交流，学习别人的优点和长处，培养儿童的协作意识和集体精神。有部分儿童只跟在别人思维后面走，没有独立见解，很容易形成思维的依赖性，教师要及时发现解决。在活动中培养儿童的合作技巧，通过训练让儿童学会"听"、学会"讲"。别人发言时，注意力要集中；别人说的和自己想的不一样时，要在肯定别人的基础上讲出自己不同的想法；别人提意见时，要先听，再讲自己的理由。

3. 强化儿童参与，灵活运用本活动的建议

本活动了解了地球上的水资源，其实这个活动可用于生活中所涉及的其他资源，通过计算各组与答案的差值能极大地激发儿童主动探究资源状况的热情。关键是活动过程中，体现的价值观和对保护水资源的节约意识。因此，如果要更好地体验"儿童参与"，可让儿童自己选择喜欢的事物进行讨论、分析，最终达成共识。

除此之外，该活动还可应用于数百人的大型活动，因为任何一个大型活动都需要以小组为单位进行，这样活动才能落到实处，然后通过小组分享，相互讨论，最终达成共识。教师还可引导儿童对活动进行拓展：计算并展示地球上的水分布情况。

（1）取一升水倒入大可乐瓶中，该瓶中的水代表地球上的水总量。

（2）用量筒量取该瓶中97.5%的水（975 ml）倒入烧杯中，这些水代表海洋里的水。

（3）剩下的 25 ml 代表地球上的淡水。

（4）将这些淡水按各种水所占的比例分别放到不同的烧杯中。

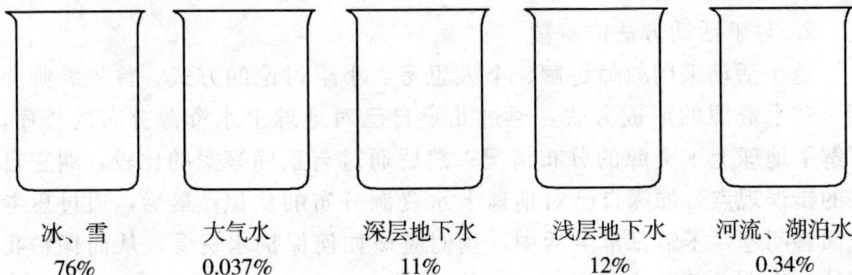

| 冰、雪 | 大气水 | 深层地下水 | 浅层地下水 | 河流、湖泊水 |
|---|---|---|---|---|
| 76% | 0.037% | 11% | 12% | 0.34% |

（5）这些淡水哪些可被人们利用，哪些不可被人们利用，可被人们利用的淡水都洁净吗？为什么？

（6）将这些可被人们利用的淡水和原来的一升水进行比较，看看它们的比例关系如何，从它们的比例关系你可得出什么结论。

4. 活动涉及的生态保护的知识和技能点

教师要让儿童了解到，在我们居住的地球上，有 71％的表面被水覆盖，所以地球叫水球才更恰当，可是就在我们居住的这个水球上，水资源危机越来越严重，现在全世界很多地方都在闹水荒。这是因为地球上大部分的水都是咸水，无法被人们利用，而可被人们利用的淡水资源非常少。水是生命之源，除了人类，地球上的其他动植物、微生物也离不开水。我们在日常生活中，要严格约束自己的浪费行为，像关爱自己的生命一样去关爱我们的水资源。

⑥ **被欺骗的小蜻蜓**

对象及人数：小学五年级至初中一年级儿童，20 人。

时间及地点：室外人造水景观及湿地，2～3 个月。

**一、背景概述**

动物也有生存权，能尊重动物权的人才能尊重人权。为了共建人与自然、人与人和谐的社会，我们要从尊重弱小的动物生命权做起：尊重所有生命。善待动物，是我们每个公民应尽的义务；善待动物，是促使人与动物成为好朋友的唯一渠道；善待动物，是人类与自然和谐相处的最好途径。儿童通过观察、研究，调查城市社区中的人造水景观对蜻蜓生存繁衍的影响，进一步理解社区建设不仅要关注人，还要关注其他生物生存的重要意义，从而有助于儿童树立尊重他人及其他生物在社区中生活的空间和权利的价值观。

**二、材料**

1. 从互联网、书店和学校的图书馆查阅资料。

2. 准备数码照相机（胶卷）、家用 DV 机。

3. 向教师、学校和家长寻求支持。

**三、步骤**

**第一阶段：收集有关蜻蜓和人造水景观的知识。**

需要搜集的资料包括以下内容：

●蜻蜓的自然生存环境、习性及"蜻蜓点水"的原理；

●蜻蜓复眼的结构和其对蜻蜓生存的影响；

●室内外人造水景观的建造原理；

●生态平衡的有关知识。

……

1. 小组成员分工合作，搜集、查阅有关蜻蜓的种类、生活环境、习性、特点及历史等相关资料，并填入表1中。

表1　蜻蜓的种类、习性和特点

| 属地范围 | 种类 | 生活环境 | 习性 | 特点 | 历史 |
|---|---|---|---|---|---|
| 全世界<br>蜻蜓种类 | | | | | |
| 中国大陆<br>蜻蜓种类 | | | | | |
| 本地区<br>蜻蜓种类 | | | | | |

2. 通过查阅相关资料，了解有关"蜻蜓点水"、生态系统和生态平衡的知识，并做成资料卡片。

3. 室内外人造水景观的建造原理可向有关部门或景观管理部门咨询、了解。

第二阶段：实地考察人造水景观及湿地，调查蜻蜓的生存状态。

1. 时间：夏季，6~8月观察效果最好。

2. 至少考察3个人造水景观，了解人造水景观的使用情况，是否有蜻蜓在玻璃板上"点水"，记录人造水景观对蜻蜓"点水"的影响。

3. 考察野外自然环境，寻找适宜蜻蜓生存的环境，观察环境特点并记录。

4. 分析实地考察的结果，比较各样地 20 m² 内的蜻蜓存活数量、生存的温度、水质等情况，并填入下表。

### 表2　2个样地的情况记录

（这是北京一个小组的儿童调查的例子，供参考）

| 时间 | 地点 | 天气 | 温度（℃） | 水质 | 蜻蜓数（20 m²） | 蚊子数量 |
|------|------|------|-----------|------|-----------------|----------|
| 5.28 | 高碑店某饭店 | 晴 | 31 | 无水 | 可见 | 少见 |
| 7.15 | 北京某停车场 | 阵雨 | 30 | 无水 | 少见 | 常见 |
|  |  |  |  |  |  |  |

### 表3　考察各样地蜻蜓的生存状态

（这是北京一个小组的儿童调查的例子，供参考）

| 地　点 | 考察结果 |
|--------|----------|
| 北京市朝阳区高碑店地区某饭店露天休闲吧 | 美丽的人造水景观玻璃上，有几只上当的蜻蜓在点水 |
| 北京市某停车场 | 大理石地面上，上当的蜻蜓在点水 |
| 北京某高档住宅小区 | 人造水景观不利于蜻蜓生存 |
|  |  |

**第三阶段：探讨城市生活环境与蜻蜓保护的关系，提出建议。**

1. 通过观察了解蜻蜓点水的奥秘，分析蜻蜓繁殖、生长对于生态环境的要求。

2. 根据蜻蜓在人造水景观点水的现象，分析蜻蜓受骗的原因。

3. 不同的人造水景观对蜻蜓有不同的影响，探讨城市生活与保护蜻蜓的关系。

4. 讨论如何给蜻蜓一个合适的生存空间，并为城市人造水景观的建造提出合理化建议。

【活动引导提示】

1. 本活动旨在引导儿童关注社区中的生态保护问题，希望儿童在活动中发现问题，寻找原因，思考解决问题的建议。更重要的是引导儿童能够发自内心地关注其他生命的生存状况，并为它们在社区与我们一起和谐地、更好地生活寻求解决问题的办法，在实践中逐步树立"尊重生命，和谐共生"的生态道德观念。

2. 本活动采用了查阅资料，考察人造水景观对"蜻蜓点水"的影响。通过查阅资料可以了解蜻蜓的自然生存环境、习性及"蜻蜓点水"的原理；了解蜻蜓复眼的结构及其对蜻蜓生存的影响；了解人造水景观的建造原理，生物多样性原理等相关知识。还可以运用同样的方法开展。本地区外来物种入侵现状调查、本地区生态平衡现状调查等活动。

3. 该活动从查阅资料到考察景观、提出合理化建议等各个阶段都充分体现了儿童参与的特点。以小组活动为主，体现了分工合作、互相帮助的特点。该活动不但适用于个人开展调查也适合于群体开展活动，调查不同地域的蜻蜓生存状况，更有利于对比分析。

### ⑦ 天然草坪与人工草坪

对象及人数：三年级以上儿童，20 人以上。

时间及地点：室内及室外，90 分钟。

**一、背景资料**

我们在生活中，经常会听到人们议论"这里的草坪真美！""这些草坪都退化了""这里的草坪全是沙子""别躺在草坪上，那里面很多虫子"等。我们都知道草坪是美化环境时常用的方式，特别是公园和学校。近年来，培育各种草坪已经成为一种产业。但是几年的实践使得很多人慢慢地发现，人工草坪费水，虫害严重，需要定期喷打农药。同时，外来的草种还有可能对本地的物种带来影响。因此，是采用天然草坪，还是种植人工草坪成为一个悬而未决的问题。通过这个活动，希望儿童能够自己找到答案。

**二、材料**

当地的地图、米尺、笔记本、笔、各自查阅的资料。

**三、步骤**

1. 调查

（1）将儿童分成若干小组，每组 4～5 人。

（2）以小组为单位把各自查阅的资料分类、汇总。

（3）根据资料讨论：如果进行有关天然草坪和人工草坪的问题研究，需要走访哪些部门或单位？

（4）在下表中列出你们小组准备走访的单位名单，并设法找到与之联系的方式。

我们准备访问以下单位：

| 单位名称 | 联系方式 | 人员分工 | 到达路线 |
|---|---|---|---|
|  |  |  |  |

（5）按照讨论的结果，小组成员完成访谈任务。

在出发前，小组同学还要就以下问题达成一致的意见：

● 在访谈时，要问哪些问题？从而得到什么资料？

● 问单位中的什么人最好？

● 怎样向对方介绍自己的来意，从而使对方愿意帮助自己？

● 什么时间到达这个单位最好？

参考上述问题，做一份访谈提纲，然后与同伴完成任务。

---

**访谈提纲**

访谈时间：　　　　　　　　　地点：

提纲内容：

---

（6）选择实地调查的地点。

小组成员都完成任务后，大家一起汇总访谈笔记，看看是否有遗漏。然后根据访谈中了解的有关天然草坪和人工草坪的各种情况，选择本地区比较典型的实地调查的地点，即两处人工草坪调查点、两处天然草坪的调查点。将选定的调查地点标在地图上。

---

绘制一张简单的实地调查地图，在图上标明已经确定的调查地点。

---

请简述作出选择的理由：_____

_____

（7）实地调查。

调查方法：对需要调查的草坪在不同方位上选择至少 3 个调查点。在这 3 个调查点用米尺量出 50 cm×50 cm 的一小块草坪，观察并统计这一小块草坪中有多少种植物？多少种小动物？根据三个调查点的数值计算这片草坪的植物种类和小动物种类的平均值。注意记录时标明调查点。调查完成后访问这片草坪的管理部门或人员，询问他们这片草坪的用水量和来源、施肥量和种类、喷洒杀虫剂的量和种类，以及消耗的资金、人员等问题。作好记录，回到学校后填入"调查情况表"。

调查情况表　　　　　　　调查时间：

| 调查地点 | 植物种类（平均值） | 动物种类（平均值） | 年用水量 | 用水来源 | 年施肥量 | 肥料种类 | 年杀虫剂用量 | 杀虫剂的种类 |
|---|---|---|---|---|---|---|---|---|
|  |  |  |  |  |  |  |  |  |

（注：肥料的种类是指有机肥、化肥；杀虫剂的种类是指农药、生物制剂等）

2. 资料汇总并讨论

小组将资料和调查结果汇总。根据小组得到的资料和调查结果，讨论分析：天然草坪的优点和缺点是什么？人工草坪的优点和缺点是什么？两者的主要差别是什么？将讨论结果写下来：

| 天然草坪 | 人工草坪 |
|---|---|
| 优点： | 优点： |
| 缺点： | 缺点： |

3. 提出见解

在美化环境时，对于是用天然草坪，还是种植人工草坪的问题，根据在活动中的体验，调查、访谈中得到的数据和资料，小组的分析和讨论，请提出你的见解。

我认为_____

_____

_____

_____

**【活动引导提示】**

1. 对活动方法的解读

这个活动采用了调查、整理、讨论、建议的方法，通过调查所在城市的草坪管理部门，让儿童通过交流去了解自己周围的生态环境，然后通过实地调查，用自己的感官去感受自己周围绿色草坪的状况，最后，在教师的帮助下，整理调查结果，得出结论，并提出自己的见解，提升了儿童对"保护生态环境"的理解。

其中最关键的是，教师可进行指导，分享自己对不同"草坪"的看法，但教师不能代替儿童，儿童必须自己完成整个过程。

2. 强化儿童参与，灵活运用本活动的建议

本项活动通过比较天然草坪和人工草坪的优缺点，为相关部门提出合理建议。其实可用相同的方法研究任何地方的任意物种，关键要把握活动中体现的价值观和对生物之间关系的理解。

# 第二部分　与家庭和社区生活有关的活动

## ① 给汽车后备箱减负

对象及人数：小学高年级及初中儿童，20 人以上。

时间及地点：室内及室外，1 个月。

**一、背景概述**

对于儿童来说，保护生态环境这个概念太大了。本节活动旨在通过对生活中的小事的调查、研究，让儿童懂得怎样去关心生态环境的变化

和发展，促使儿童承担起保护生态、优化环境的责任。

**二、材料**

家用轿车一辆、等规格矿泉水 3 箱、地秤。

**三、步骤**

**第一阶段：**查阅资料了解全球变暖对环境的影响及其与二氧化碳浓度的关系；汽车尾气中二氧化碳含量的估算方法；低碳生活的概念。

通过网络和相关书籍搜集资料。下面是某同学搜集到的一些资料。

1. 全球变暖的主要原因是人类在近一个世纪以来大量使用矿物燃料，排放大量的温室气体。全球变暖的后果，会使全球降水量重新分配，冰川和冻土消融，海平面上升等，既危害自然生态系统的平衡，更威胁人类的食物供应和居住环境。

2. IPCC 第三次报告数据表明，二氧化碳是主要温室气体，其全球变暖影响比例因素为 60%；现代大气中二氧化碳增加的原因主要是由人类长期使用化石燃料（煤、石油、天然气等）造成的。

3. 二氧化碳排放量＝燃料消耗量×二氧化碳排放系数。碳排放系数是指每一种能源燃烧或使用过程中单位能源所产生的碳排放数量。根据 IPCC 假定，可以认为某种能源的碳排放系数是不变的，目前普遍使用的车用汽油二氧化碳排放系数为 2.5 千克/升。

4. "低碳生活"就是指日常生活中所耗用的能量要尽力减少，从而减低碳，特别是二氧化碳的排放量，从而减少对大气的污染，减缓生态恶化。

**第二阶段：**设计调查问卷，调查自己所在周边小区的家用汽车后备箱使用情况。

下面是某小学生设计的调查问卷。

您好！我是一名小学生，正在参加关于"家用汽车后备箱使用情况"课题的社会调查。这份调查问卷是根据课题需要设计的，采用不记名填写方式，不会给您带来任何不良影响，希望能得到您的配合，协助填写问卷各项，谢谢。

一、基本情况

职业：

☐ 国家机关、企业、事业单位负责人

☐ 办事人员和有关人员

□ _____ 农、林、牧、渔、水利业生产人员
□ _____ 警察、军人
□ _____ 专业技术人员
□ _____ 商业、服务业人员
□ _____ 生产、运输设备操作人员及有关人员
□ _____ 其他从业人员

年龄： □25 岁以下 □26～30 岁 □31～35 岁 □36～40 岁
□41～49 岁 □50～59 岁 □60 岁以上

性别：□男 □女

家庭人口：□1 人 □2 人 □3 人 □4 人 □5 人 □6 人以上

二、车辆情况

品牌：_____　　　购车年份：_____年

排量：□1 L 以下 □1.1～1.4 L □1.5～1.6 L □1.7～1.8 L
□1.9～2.2 L □2.3～2.9 L □3.0～3.9 L □4.0 L 以上

车型：□两箱 □三箱

主要用途：□上下班 □接送老人、子女 □购物代步
□工作需要 □休闲郊游

平均乘员：□1 人 □2 人 □3 人 □4 人 □5 人或以上

三、后备箱使用情况（单选）

● 后备箱中是否有一些常用的物品？
□肯定有 □有一些 □没什么东西 □没注意

● 后备箱中是否有不常用的物品？
□有很多 □有一些 □没什么东西 □没注意

● 后备箱使用频率（每周）：
□3 次以下 □4～7 次 □8～14 次 □15～21 次 □22 次以上

● 上次清理后备箱的日期：
□一周内 □一周前 □两周前 □一月前 □不记得了

● 日常情况下您觉得现在的后备箱够用吗？
□足够了 □正合适 □不够用 □不关心

● 如果您有更大的后备箱，日常还会存放更多的物品吗？
□是的 □不会

● 您对在后备箱中存放物品有什么看法？

□后备箱，就是要放东西的，否则汽车就不设计它了。

□与人、车的重量相比，后备箱的重量不足挂齿。

□后备箱没有什么大用，完全可以取消后备箱。

□后备箱中的物品会增加油耗，进而增加碳排放量，应当尽可能少放东西。

● 您的后备箱里现有物品：

| 物品名称 | 重量（kg） | 放置时间 | | | | 放置原因 | | | | 使用频率 | | | |
|---|---|---|---|---|---|---|---|---|---|---|---|---|---|
| | | 一周 | 两周 | 一个月 | 三个月以上 | 长期备用但很少用 | 经常使用 | 不常用但忘了取出 | 临时放置 | 每天使用 | 每周使用 | 每月使用 | 很少使用 |
| 饮用水 | | □ | □ | □ | □ | □ | □ | □ | □ | □ | □ | □ | |
| 食品 | | □ | □ | □ | □ | □ | □ | □ | □ | □ | □ | □ | |
| 雨伞 | | □ | □ | □ | □ | □ | □ | □ | □ | □ | □ | □ | |
| 书刊 | | □ | □ | □ | □ | □ | □ | □ | □ | □ | □ | □ | |
| 运动用品 | | □ | □ | □ | □ | □ | □ | □ | □ | □ | □ | □ | |
| 烧烤用具 | | □ | □ | □ | □ | □ | □ | □ | □ | □ | □ | □ | |
| 钓鱼用具 | | □ | □ | □ | □ | □ | □ | □ | □ | □ | □ | □ | |
| 服装鞋帽 | | □ | □ | □ | □ | □ | □ | □ | □ | □ | □ | □ | |
| 视听娱乐 | | □ | □ | □ | □ | □ | □ | □ | □ | □ | □ | □ | |
| 玩具 | | □ | □ | □ | □ | □ | □ | □ | □ | □ | □ | □ | |
| 其他生活用品 | | □ | □ | □ | □ | □ | □ | □ | □ | □ | □ | □ | |
| 礼品 | | □ | □ | □ | □ | □ | □ | □ | □ | □ | □ | □ | |
| 工作资料 | | □ | □ | □ | □ | □ | □ | □ | □ | □ | □ | □ | |
| 公司样品 | | □ | □ | □ | □ | □ | □ | □ | □ | □ | □ | □ | |
| 其他工作物品 | | □ | □ | □ | □ | □ | □ | □ | □ | □ | □ | □ | □ |

续表

| 物品名称 | 重量(kg) | 放置时间 | | | | 放置原因 | | | 使用频率 | | | |
|---|---|---|---|---|---|---|---|---|---|---|---|---|
| | | 一周 | 两周 | 一个月 | 三个月以上 | 长期备用但很少用 | 经常使用 | 不常用但忘了取出 | 临时放置 | 每天使用 | 每周使用 | 每月使用 | 很少使用 |
| 维修工具 | | ☐ | ☐ | ☐ | | ☐ | ☐ | | ☐ | ☐ | ☐ | ☐ |
| 各种补液 | | ☐ | ☐ | ☐ | | ☐ | ☐ | | ☐ | ☐ | ☐ | ☐ |
| 清洁用品 | | ☐ | ☐ | ☐ | | ☐ | ☐ | | ☐ | ☐ | ☐ | ☐ |
| 新旧零件 | | ☐ | ☐ | ☐ | | ☐ | ☐ | | ☐ | ☐ | ☐ | ☐ |
| 换季车饰 | | ☐ | ☐ | ☐ | | ☐ | ☐ | | ☐ | ☐ | ☐ | ☐ |
| 其他汽车用品 | | ☐ | ☐ | ☐ | | ☐ | ☐ | | ☐ | ☐ | ☐ | ☐ |
| | | ☐ | ☐ | ☐ | | ☐ | ☐ | | ☐ | ☐ | ☐ | ☐ |

● 您车辆的平均年行驶里程：_____公里；每百公里平均油耗：_____升

● 您知道我们的车辆每增加 45 公斤载重，油耗增加多少吗？
☐不知道　　☐知道，是（　　　　）%

● 您车辆后备箱存放物品过多但又很难减少的原因是：_____

根据问卷调查统计，小区居民后备箱的主要用途是什么？主要存放的物品是什么？他们对后备箱存放物品的态度是怎样的？

**第三阶段：设计对比实验，分析汽车后备箱增重对耗油和碳排放的影响。**

以下是某小学生用矿泉水作为参考物设计的一组实验及分析。

| 序号 | 实验方法 | 原因 |
|---|---|---|
| 1 | 选择一辆行驶路线、驾驶人相对固定的汽车 | 避免因路面状况和个人驾驶习惯不同对实验结果产生影响 |

续表

| 序号 | 实验方法 | 原因 |
|------|---------|------|
| 2 | 准备三箱等容量瓶装水 | 搬运和计算方便 |
| 3 | 整箱瓶装水经过地秤测重后，放入汽车后备箱 | 取值数据更加精确 |
| 4 | 选定一家离家最近的加油站固定加油 | 避免实验交替时路程对结果的影响 |
| 5 | 在加油站记录行驶里程和加油量 | 保证记录数据的准确性 |
| 6 | 8次对比实验（4次增重、4次不增重） | 多次实验可使实验数据更加精确 |
| 实验用具：家用轿车、三箱瓶装水（555 ml×24瓶×3箱）、尼康数码相机、地秤 | | |

对比实验数据：

| 实验时间 | 车辆是否增重 | 行驶里程（公里） | 加油量（升） | 百公里耗油（升） |
|---------|-----------|-------------|-----------|-------------|
| | | | | |
| | | | | |

装载一箱矿泉水每月增加的费用：

| 序号 | 内容摘要 | 数据 |
|------|---------|------|
| 1 | 装载一箱矿泉水，家用轿车单位里程增加耗油 | |
| 2 | 车辆月行驶里程 | |
| 3 | 装载一箱矿泉水每月增加耗油 | |
| 4 | 当前93号汽油价格 | |
| 5 | 装载一箱矿泉水每月增加费用 | |

装载一箱矿泉水每月增加的二氧化碳排放量：

| 序号 | 内容摘要 | 计算结果 |
|------|---------|---------|
| 1 | 装载一箱矿泉水每月增加耗油 | |
| 2 | 车用汽油的二氧化碳排放系数 | |
| 3 | 装载一箱矿泉水每月增加二氧化碳排放量 | |

**第四阶段：宣传研究成果**

组织儿童在自己所在小区办一个"给汽车后备箱减负"的宣传活动。指导学生把自己的调查和研究结果制作成展板，对小区居民进行讲解，邀请大家一起加入后备箱减负的节能减排活动中，环保出行。

【活动引导提示】

1. 本活动教师可以指导儿童有选择地分阶段进行。把儿童分成小组，每个小组划定一个区域，缩小调查范围，然后综合各小组结果。查阅资料阶段，可以组织一个汇报会，各小组分享查到的资料，加深对低碳生活的理解。活动中，根据实际情况选择周边的小区，确保安全。研究时，充分调动儿童的感观认识，观察后备箱增重后车身的变化，尾气的颜色等。活动结束后，要及时巩固效果，引导儿童思考在日常生活中，除了减少汽车尾气排放还可以从哪些方面进行节能减排，鼓励儿童将家里已经做到的和自己想到的好方法与大家一起分享讨论，在班级内形成节约节能的好风气，让低碳生活行为融入生活中，既培养了能力，又树立了正确的生态道德意识。

2. 这个活动内容丰富，很有挑战性。在实施中，教师要发挥儿童主观能动性，让他们自己去设计问卷，小组讨论决定调查的内容、目标人群和调查区域等。这个活动可以结合世界环境日的主题，让儿童把他们的调查结果，研究成果宣传给市民，做成公益性的活动。（上图为节能减排徽标）

② **妈妈不吃食用菌的秘密**

对象及人数：小学高年级及初中儿童，20人以上。

时间及地点：室内及室外，1个月。

**一、背景概述**

尊重生命，只有懂得尊重自己生命的人才懂得如何尊重别人的生命。对一个人来讲，首先要珍惜生命，养成良好的生活习惯，保持健康的心态。与生命息息相关的就是食品。食品安全关系我们的生命安全。本活动旨在通过对食品安全问题的研究，探索尊重生命的现实意义。

**二、材料**

食用菌及包装、紫外成像系统 1 台、100 ml 烧杯 10 个、培养皿 40 个、玻璃棒、烘箱、天平、量筒、去离子水、一次性手套等。

**三、步骤**

**准备：**

1. 查阅资料了解食用菌的种类；查找检验食用菌的方法。

2. 查阅资料了解食品安全与农业生态环境的关系和近几年关于食品安全问题的案例。

3. 准备不含荧光物质的培养皿 40 个。

4. 分别取 16 种食用菌及包装的样本放入培养皿中，并编号。

5. 在实验过程中，须戴实验室专用无粉灭菌一次性手套，每抽取一个样品，更换一次性手套，避免样品交叉污染。

**实验步骤：**

1. 检验食用菌及其包装材料的荧光效应

暗室中，在 365 nm 波长紫外条件下，利用紫外成像系统分别对 16 种食用菌样本和包装材料进行检测，观察有无荧光效应。记录出现荧光点的样品标号和荧光点数。

2. 经不同浓度的荧光增白剂处理的几种食用菌及包装材料检测，并与步骤 1 测试结果对照

①分别称取 0.001 g、0.01 g、0.1 g、1 g 的荧光增白剂放入大三角瓶中，使用量筒量取 1 L 的去离子水，在磁力搅拌器上均匀加热搅拌，配置相应 0.001 g/L、0.01 g/L、0.1 g/L、1 g/L 的荧光增白剂溶液作为对照标定用；

②选取步骤 1 中检测没有荧光效应的食用菌品种 10 g、包装材料 1 cm 小段，分别放置在以上 4 个浓度的溶液中浸泡 1 个小时；

③戴上手套，用镊子取出浸泡过的食用菌和包装材料，自然风干；

④将风干后的材料放置在培养皿中，在暗室，365 nm 紫外灯条件下利用紫外成像系统成像并拍照。

| 步骤 2 编号 | 浓度 | 步骤 2 中出现的荧光点数 | | 对应位置 | 步骤 1 中荧光点数对应的编号 |
|---|---|---|---|---|---|
| 1# | 0.001g/L | 食用菌 | | | |
| | | 包装材料 | | | |
| 2# | 0.01g/L | 食用菌 | | | |
| | | 包装材料 | | | |
| 3# | 0.1g/L | 食用菌 | | | |
| | | 包装材料 | | | |
| 4# | 1g/L | 食用菌 | | | |
| | | 包装材料 | | | |

3. 对检测后的食用菌进行感观评价

①对比荧光反应的结果，将检测过的食用菌样品和包装材料标注为零、低、中、高四个等级。

②观察颜色、气味、质感、形态等方面的特征，进行感官评价并记录。

| | 荧光增白剂残留等级 | 颜色 | 气味 | 质地 | 手感 |
|---|---|---|---|---|---|
| 食用菌 | 零：_____个荧光点 | | | | |
| | 低：_____个荧光点 | | | | |
| | 中：_____个荧光点 | | | | |
| | 高：_____个荧光点 | | | | |
| 包装材料 | 零：_____个荧光点 | | | | |
| | 低：_____个荧光点 | | | | |
| | 中：_____个荧光点 | | | | |
| | 高：_____个荧光点 | | | | |

【活动引导提示】

1. 本活动意在培养儿童尊重生命，珍惜生命的生态道德品质。准备活动中，教师要让儿童充分了解食品安全与农业环境污染的关系，引导儿童思考营养链与人的生命健康之间的关系。测定过程中，教师要根据测定的结果，让儿童感受到农业环境的污染，最终会影响到人类的健康，危害生命。同时，也会影响到营养链中其他生物的生存，造成生态系统的不平衡。

2. 本活动采用了"实验法"。采用先进的仪器可以很准确地检测出食用菌中是否含有荧光增白剂，现象明显，能够从理性的结果引起儿童感性的认识和认同，所以，实验前，教师要讲授仪器使用方法，为什么要这样设计这个实验，并让儿童自己动手做实验，实验过程中教师要严格要求，保证过程的科学性和严谨性。用实验现象和数据说明食品受污染的程度，进而说明食品安全与生命健康的关系。保护农业生态环境追根溯源就是保护生命，尊重生命。

3. 这个活动是以实验的方法，通过科学严谨的态度达到教育的目的。所以，整个实验过程都要儿童自己动手，包括食用菌的选取和样品的制备。在选择、制备、测试和最后的结果讨论中，儿童自然会加深对营养链的理解。这个活动要求有专业的仪器进行，看似只适合在实验室中进行小规模的教育，其实，转换一下角度，把这个活动作为夏令营中的一项生态科普教育，同样能收到较好的效果。

4. 营养链（又名食物链）：生态系统中植物制造的初级能源，通过生物进行一系列转化，形成的一种取食与被取食的食物营养连锁关系。

### ③ 我家夏天的清洁空气

对象及人数：三年级以上儿童，20 人以上。

时间及地点：室内及室外，1 个月。

**一、背景概述**

健康生活要有好的生存环境作为基础。保护生态环境也是保护自己的生存环境。每个人如果都能把自己周围的环境保护好，那么社会这个大环境也就能够维护好。本节旨在由净化室内空气的例子让儿童理解生态道德中"保护"的意义。

**二、材料**

竹炭、蚊香、一氧化碳快速检测管、注射器、石棉网、玻璃管、刻度尺。

**三、步骤**

1. 查阅资料，了解关于室内空气污染的主要来源、种类、对人体的危害及减少污染的方法。

2. 将儿童 3 人一组分成若干小组，每个小组成员负责一个实验。

3. 指导儿童学习一氧化碳快速检测管的使用方法。

4. 测定不同条件下竹炭对一氧化碳含量的影响。

实验一：不同质量的竹炭对一氧化碳含量的影响

用分析天平称取 0.5 g 竹炭，放入玻璃管中（堵住玻璃管两端，摇匀）。玻璃管一端放入燃烧的蚊香。3 分钟后，在玻璃管的另一端用注射器抽取 50 ml 气体。用气体检测管检测气体中所含一氧化碳的含量。再称取 1 g 的竹炭，按以上步骤实验。（每次要注意更换新的竹炭，保证房间密闭，每两次实验之间要使空气流通，下同）为了减小误差，每种质量做 3 次实验，计算平均数（下同）。

实验二：不同距离放置的竹炭对一氧化碳含量的影响

将点燃的蚊香放在石棉网上。在距蚊香 10 cm 处放 0.5 g 竹炭。3 分钟后，在距蚊香 30 cm 处用注射器抽取 50 ml 气体。用气体检测管检测气体中所含一氧化碳的含量。再将竹炭放在距蚊香 20 cm 处，按以上步骤实验。

5. 记录数据和整理。

实验一

| 竹炭质量（g） | 一氧化碳含量（mg/m³） | | | |
| --- | --- | --- | --- | --- |
| | 第一次 | 第二次 | 第三次 | 平均 |
| 0.5 | | | | |
| 1 | | | | |

实验二

| 竹炭质量（g） | 竹炭与蚊香的水平距离（cm） | 一氧化碳含量（mg/m³） | | | | |
| --- | --- | --- | --- | --- | --- | --- |
| | | 第一次 | 第二次 | 第三次 | 平均 | 不放竹炭 |
| 0.5 | | | | | | |
| 1 | | | | | | |

6. 指导儿童参照结果分析在怎样的条件下竹炭能更好地吸附蚊香燃烧产生的一氧化碳。

7. 讨论其他可以减少室内空气污染的方法。

【活动引导提示】

1. 本活动要培养"保护"的生态道德品质。实现这个目标的关键在于：在查阅资料阶段，让儿童思考人类科技的发展给生活带来的变化，其中有好有坏，通过适当的方法，可以减少对人类的危害，实现人类和自然界的和谐发展，体现"保护"的必要性和可行性；最后的讨论，让儿童主动思考调节自己的生活方式，如夏天空调适时开，保持通风，种花等，引起他们对身边环境的关注，加深他们对"保护"的理解。

2. 本活动采用"以引导探究为主"的方法，包含发现法和探究法。这两种方法结合，能有效激发儿童的参与热情，利用儿童的好奇心，发挥想象力，让他们在保护空气的方法探索中，加深对环境保护的认识。这样的方法可以广泛应用于对环境保护的实践中。比如：给小区里的流浪猫制作一个遮风挡雨的泡沫小窝等。

3. 这个活动与日常生活联系紧密，大部分儿童都会有这样的生活体验。以家庭生活为背景，对每个儿童来说，进行活动的机会都是均等的，能够更多地鼓励那些平时遭受歧视、忽视和排斥的儿童群体参与到活动中。在生态道德教育中，本活动可以小规模地举行也可以结合其他活动大范围地开展。比如：举办一个大型的关于居住环境保护的活动，让儿童设计方案，与家长一起实施，得到成果后，开一个展示会，评选出最好的方案等。

4. 空气污染相关资料

大气是由一定比例的氮、氧、二氧化碳、水蒸气和固体杂质微粒组成的混合物。就干燥空气而言，按体积计算，在标准状态下，氮气占78.08%，氧气占20.94%，氩气占0.93%，二氧化碳占0.03%，而其他气体的体积都大约是0.02%。各种自然变化往往会引起大气成分的变化。例如，火山爆发时有大量的粉尘和二氧化碳等气体喷射到大气中，造成火山喷发地区烟雾弥漫，毒气熏人；雷电等自然原因引起的森林大面积火灾也会增加二氧化碳和烟粒的含量等。一般来说，这种自然变化是局部的，短时间的。随着现代工业和交通运输的发展，向大气中持续排放的物质数量越来越多，种类越来越复杂，引起大气成分急剧变化。当大气正常成分之外的物质达到对人类健康、动植物生长以及气象、气候产生危害的时候，我们就说大气受了污染。

空气污染：一般指近地面或低层的大气污染，有时仅指居室内空气的污染。

室内空气污染是有害的化学性因子、物理性因子和（或）生物性因子进入室内空气中并已达到对人体身心健康产生直接或间接，近期或远期，或者潜在有害影响的程度的状况。

燃料燃烧是室内主要污染源之一。不同种类的燃料，甚至不同产地的同类燃料，其化学组成以及燃烧产物的成分和数量都会不同。但总的来看，煤的燃烧产物以颗粒物、$SO_2$、$NO_2$、CO、多环芳烃为主；液化石油气的燃烧产物以 $NO_2$、CO、多环芳烃、甲醛为主。蜂窝煤在无烟囱的炉子内旺盛燃烧，厨房空气中 $SO_2$ 可达 17 $mg/m^3$，通常在 3 $mg/m^3$ 左右；$NO_2$ 可高达 50 $mg/m^3$，通常在 4 $mg/m^3$ 左右；CO 可达 300 $mg/m^3$ 以上，通常约 20～30 $mg/m^3$；颗粒物约在 1～2 $mg/m^3$。有烟囱时，$SO_2$ 可降至约在 0.05 $mg/m^3$ 左右；$NO_2$ 在 0.6 $mg/m^3$ 左右；CO 约 6 $mg/m^3$；颗粒物约 1.4 $mg/m^3$。液化石油气燃烧充分而室内无抽气设备时，$SO_2$ 由未检出至 0.05 $mg/m^3$；$NO_2$ 为 10 $mg/m^3$ 以上；CO 为 3～4 $mg/m^3$；颗粒物为 0.26 $mg/m^3$；甲醛可达 0.1～0.4 $mg/m^3$。

④ **便宜电池不便宜**

对象及人数：各年级儿童，20 人。

时间及地点：室内，3～4 天。

**一、背景概述**

人们习惯认为便宜的东西就是省钱的，其实不然。价格便宜的东西也许要付出更大的环境代价。本活动旨在通过对比不同电池的工作能力和价格，增强儿童对固有观点的批判和探索，将消费习惯与环境效益联系在一起，达到绿色消费的教育目的。

**二、材料**

电压表、石英钟、开关、笔、纸、电线、小灯泡等。

### 三、步骤

**活动准备：**

收集电池实验样品：从不同的商店、超市、市场采购的 5 号和 7 号便宜电池、正牌优质电池（在有信誉商店购买的南孚电池商品）、充电电池。

**过程：**

1. 教师把儿童分成小组，每组 2～3 人。小组的不同成员分别负责 2～3 种电池的测定。

2. 指导儿童利用准备好的工具、材料和电池样品组成电路。

3. 接入小灯泡进行放电实验，并记录时间。

需要连续放电，中间不间断。每 30 分钟测量一次电压。电池同时给石英钟和小灯泡供电，以石英钟停摆时间来计算放电总时间。

为了减小误差，每种电池做 2 次实验，计算平均数。

4. 将实验及调查结果填入表内。

| | 便宜电池样品 | | | | 南孚电池 | 充电电池 |
|---|---|---|---|---|---|---|
| 编号 | 1 | 2 | 3 | 4 | | |
| 价格（元） | | | | | | |
| 购买地点 | | | | | | |
| 电池标明的有效期 | | | | | | |
| 接入小灯泡前测量电压 | | | | | | |
| 接入小灯泡后测量电压 | | | | | | |
| 放电 0.5 小时测量电压 | | | | | | |
| 放电 1.0 小时测量电压 | | | | | | |
| 放电 1.5 小时测量电压 | | | | | | |
| 放电 2.0 小时测量电压 | | | | | | |
| 放电 2.5 小时测量电压 | | | | | | |
| …… | | | | | | |
| 至停钟时总放电时间（分） | | | | | | |

5. 将实验结果画图。

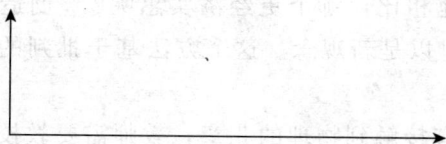

电池接入小灯泡放电电路的放电曲线图

横坐标为放电时间，单位：小时；纵坐标为电压，单位：伏。

6. 各种电池每分钟放电价格对照图（同号型进行对比）。

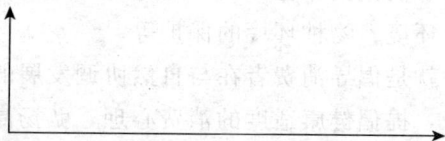

横坐标为不同品牌的便宜电池，纵坐标为实际价格（元/分钟）。

7. 查阅资料：了解电池的构造及我国有关电池方面的国家标准。

8. 调查走访：了解电池价格，采访自己的父母和亲戚，了解他们对好电池及便宜电池的看法。

9. 分析与讨论：便宜电池是不是真的便宜。

【活动引导提示】

1. 本活动要培养"探索"这个生态道德品质和物尽其用的价值取向。通过探索不同电池的工作能力，对比提供相同能力的电池的总价格，得到结论，让儿童认识到，使用充电电池实质上是一种重复利用，减少一次性能源消耗。最后要点出，绿色消费涵盖生产行为、消费行为的方方面面，健康的生活不只是身体的健康还包括心态的健康，环境的健康，在消费行为中，还有很多节约能源和使能源优化利用的好方法等待儿童去探索。

2. 本活动采用"创造求新学习法"。采用这个方法，可以让儿童知道，书本上和被人们广泛认同的东西要尊重，又不能盲从，对于一个问题，要运用多向思维，从多角度、多方面提出更多的解决方案。这个活动中，人们的传统观念是买价格便宜的电池比较省钱，教师要激发儿童的批判意识，从长远供电能力来看价格便宜的电池的能力累计与不便宜的电池相比，哪个更经济实惠呢？"创造求新学习法"既可以是新东西也可以是新观念。这个方法基于批判的意识和怀疑的精神，应用广泛。

3. 对于还没有接触到物理的儿童，教师需要教授一些关于电学的知识，比如电压的含义，电池的原理。也可发动儿童自己寻找资料。用完的电池要妥善处理，教师可以教授一些关于电池污染的知识。

4. 绿色消费，也称可持续消费，是指一种以适度节制消费，避免或减少对环境的破坏，崇尚自然和保护生态等为特征的新型消费行为和过程。绿色消费，不仅包括绿色产品，还包括物资的回收利用，能源的有效使用，对生存环境、物种环境的保护等。

绿色消费观，就是倡导消费者在与自然协调发展的基础上，从事科学合理的生活消费，提倡健康适度的消费心理，弘扬高尚的消费道德及行为规范，并通过改变消费方式来引导生产模式发生重大变革，进而调整产业经济结构，促进生态产业发展的消费理念。它包括三层含义：一是倡导消费者在消费时选择未被污染或有助于公众健康的绿色产品；二是在消费过程中注重对垃圾的处置，不造成环境污染；三是引导消费者转变消费观念，崇尚自然、追求健康，在追求生活舒适的同时，注重环保、节约资源和能源，实现可持续消费。

5. 活动扩展。

（1）完成一份自己对市场上销售电池问题的调查与分析，注重从以下两方面进行：

● 从环保方面来分析

● 从经济方面来分析

（2）向社区居民、售货员、家长开展宣传。

（3）继续开展调查，将调查结果告诉商店，向他们提出建议。

（4）研究使用充电电池的小经验。

使用过充电电池的儿童会发现电池的充电量越来越小，经常充不进去电了。原来这是因为充电电池里面的电还未用光，就又开始了下一次充电。普通充电电池是有"记忆效应"的，所以就会越充越少，直至充不进去。另外充电电池由于充电时是每节单独充电，使用时是几节电池串联起来使用，所以也会有差异。遇到充电电池充不上电这种情况时先不要急着把它扔掉，它可能并没有坏，只是"休眠"了（充电电池的充、放电过程是化学能——电能的可逆反应，因使用不当可逆反应变成了不可逆反应）。

可以找两根电线，两头分别接到汽车的 12V 蓄电池上，另两头接充电电池上，注意：正对正，负对负，只需一秒钟，闪一个小火花，充电电池就又被重新"激活"了，再放到充电器上继续充电就行了。

⑤ 每周少开一天车

对象及人数：小学五年级至初中一年级儿童，20 人。

时间及地点：室内外交通路段，2 个月。

**一、背景概述**

价值观不仅影响人对事物的选择，也影响与他人的相处与沟通，最终影响人的生活，影响人的发展。比如：在交通拥挤的城市，制定每周少开一天车的规定，目的是缓解交通拥堵和减少大气污染，使人们拥有良好的工作和生活环境。对这一规定，人们都有什么样的认同度，特别是有车族对这一规定持什么看法，是不是愿意多坐公交车，针对这一现状开展调查。调查不同的人群对这一问题都持什么样的价值观，儿童通过调查明确自己的价值观，同时理解他人的价值观。

**二、材料**

笔记本、笔、电脑、照相机。

**三、步骤**

1. 制订一份调查方案开展调查

| 编号 | 地点 | 方法 | 内容 |
|---|---|---|---|
| 1 | 图书馆、学校、家里 | 查阅资料 | 收集和查阅不同交通出行方式的燃油消耗、道路资源占用和产生的交通污染 |
| 2 | 专家办公室 | 咨询专家 | 听取专家对出行方式的介绍 |

续表

| 编号 | 地点 | 方法 | 内容 |
|---|---|---|---|
| 3 | 学校、小区、商场、停车场 | 个案调查 | 访问有车族对出行交通工具选择的一些观点和看法 |
| 4 | 交通流量较大路口 | 实地考察 | 实地观察和记录道路流量 |
| 5 | 学校、小区、商场、停车场 | 问卷调查 | 调查问卷设计；调查实施 |
| 6 | 家里 | 数据统计 | 调查数据录入电脑，利用 Excel 软件进行数据分析 |
| 7 | 在学校 | 讨论撰写报告 | 对收集的资料和调查统计结果进行讨论，形成一致观点 |

2. 下面是一名小学生针对北京交通限行 2 年来实施情况的调查

实地考察

（1）流量记录结果

表 1　新街口外大街流量记录表（辆/车道/小时）

| 车辆类型 ＼ 道路 | | 新街口外大街 | 阜成路 |
|---|---|---|---|
| 小汽车 | | 1979 | 2024 |
| 公交车 | 单车 | 183 | 194 |
| | 铰接 | 85 | 39 |

（2）计算结果

表 2　新街口外大街小汽车和公交车运送乘客数量

计算公式
小汽车流量×小汽车承载率＝小汽车运送乘客数量
公交车流量×公交车承载率＝公交车运送乘客数量

续表

| 指标<br>车辆类型 | | 承载率<br>（人/车） | 运送乘客人数（人/车道/小时） | |
|---|---|---|---|---|
| | | | 新街口外大街 | 阜成路 |
| 小汽车 | | 1.5 | 1484 | 1518 |
| 公交车 | 单车 | 35 | 3203 | 3395 |
| | 铰接 | 60 | 2550 | 1170 |

新街口外大街和阜成路的平均值为：小汽车 1501 人/车道/小时，公交车为 5159 人/车道/小时，公交车运送乘客量是小汽车的 3.5 倍。

（3）个案调查结果

访问了 10 个人，访问内容详见附录一。主要观点如下：

| 被访者 | 主要观点 |
|---|---|
| 李女士、汪小姐、孙女士 | 支持"每周少开一天车"。愿意乘坐公交 |
| 张先生、胡女士 | 支持绿色出行，但是公交服务还需改善 |
| 王先生、郭先生<br>温女士、赵先生 | 不愿意放弃小汽车，由于限行买了第二辆车 |
| 王先生 | 对小汽车使用进行限制，要解决停车问题 |

（4）问卷调查结果

访问了 603 个人，得到 500 份有效问卷。问卷内容见附录二。

调查数据录入

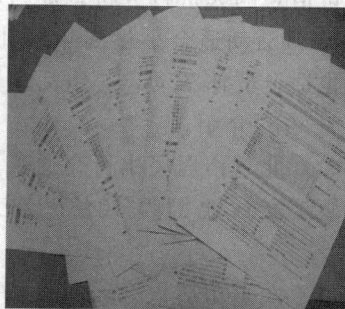

调查问卷

对问卷进行分析：

1. 多数支持——85％的有车族支持"每周少开一天车"。

2. 群体差异——中年、男性、高学历、高收入人群对限行措施支持率低。

3. 认识不够——有车族对少开车是城市发展的必然选择认识不够。

4. 方式改变——60％的有车族限行日选择公共交通出行。

5. 习惯难改——限行后79％的有车族出行习惯没改或难改。

6. "推""拽"结合——公共交通改善才能促进有车族少开车。

建议：

1. 加强宣传——让有车族行动起来。

2. 完善公交——让公交服务更到位。

3. 发展地铁——建设覆盖范围更广的地铁网络。

【活动引导提示】

1. 本活动是通过儿童针对交通限行人们的看法开展调查，来了解不同人群所持有的看法，调查了解到中年、男性且高学历、高收入人群对"限行"支持率低。低收入人群对限行支持率高。一个人价值取向不同其生活方式就会不同，价值观不仅影响人对事物的选择，也影响与他人的相处与沟通，最终影响人的生活，影响人的发展，儿童通过活动也将意识到这一点。

本活动采用的是查阅资料，儿童可以从众多的信息中进行筛选，选择自己所需要的内容，了解前人已有的知识和经验。调查采访法，可以使儿童和很多不同价值观的人进行接触，了解他们的想法和做法，并对不同价值观的人进行分析，逐渐形成自己的价值观、人生观。

2. 该活动适合小学高年级儿童，也适合中学儿童活动，适合小组活动也适合群体活动，小组活动更加深入，群体活动更加广泛。

3. 资料介绍。

(1) 北京市居民出行交通工具使用情况

轨道交通比例为10％；公交车比例为28.9％；小汽车出行比例达34％。

(2) 北京市居民交通工具使用的目标

东京公共交通（轨道＋公交车）使用比例已经达到60％。

北京市居民出行交通工具选择的目标是早晚高峰时轨道＋公交车承

担的比例达到 50%～60%。

（3）北京交通采取的措施

为应对北京市面临的交通挑战，北京市政府制定了"公交优先"和"需求管理"并举的策略。

### ⑥ 宠物狗"后事"处理

对象及人数：小学五年级至初中一年级儿童，20人。

时间及地点：学校教室、社区、公共区域，1个月。

**一、背景概述**

关怀和保护小动物是大家十分关注和愿意参加的活动。很多儿童都有自己饲养或者参加饲养的经历。随着社会经济的发展，养猫、狗等宠物的市民越来越多，再过几年，将有数量巨大的宠物猫狗进入"老龄社会"，如何处理宠物尸体、办好宠物的"后事"将成为关乎市民健康的一大问题。宠物死后其尸体如果处理不当，不但会污染环境，还可能导致人畜共患病的传播。本课旨在通过讨论宠物后事的处理方式让儿童增强关怀保护小动物的情感，倡导进行关心保护自然环境的行动，更重要的是引发他们思考如何达成尊重自然生命与保护环境资源的协同。

**二、材料**

纸、笔、调查问卷、数码相机、计算机或图书资料、电话。

**三、步骤**

1. 召开主题班会，鼓励学生交流

教师召开"关怀爱护小动物"主题班会，让儿童交流自己关怀爱护小动物的行为和观点。

提出以下四个问题让儿童思考后交流：

宠物数量大——城市宠物数量不断激增，其死亡率也必然增加，产生的大量宠物尸体，应该怎样处理？

宠物寿命短——一般宠物狗的平均寿命不如人类的平均寿命长，因此人类不得不经常面临处理宠物狗尸体的问题。

尸体处理方式——宠物尸体会混入生活垃圾中，造成环境污染。

有哪些法律、法规——国家有动物防疫法的法律，但是处理宠物尸体的规定不明确，也难执行。

2. 确定活动目标——宠物后事处理调查，进行小组成员分工

到社区进行一次关于"宠物后事处理调查"的活动，时间为 90 分钟，请大家一起进行策划分工。首先将 20 名儿童分成 5 组，每组 4 名儿童，分别定为：

外联组——主要负责联系社区确定时间地点；

资料组——主要负责调查用资料的搜集整理；

调研组——主要负责调查采访问卷的设计和实地调研；

后勤组——主要负责活动用品的设计和制作；

宣传组——主要负责活动的宣传和录像照相。

每组推选组长 1 人，由组长组织一起商议工作开展方式和时间表。

3. 教师明确实施步骤，确定时间地点，制订全班的工作计划表

要注意活动结束后的资料整理和儿童研讨工作的重要性，应该安排小组汇报环节。

| 小组名称 | 时间 | 地点 | 工作内容 | 方法 |
|---|---|---|---|---|
|  |  |  |  |  |
|  |  |  |  |  |

4. 查阅资料

在家里利用电脑上网及查阅图书了解有关宠物和环境保护方面的资料。

利用从网站查到的国家相关部门的电话及政务网站，对园林局、民政局、小动物保护协会、动物监管所对于国家处理宠物尸体的规定进行了解、咨询。

5. 设计调查问卷

可参考样卷："关于宠物后事处理的调查问卷"。

尊敬的叔叔阿姨、爷爷奶奶：

你们好，我是一名小学生，很喜欢小动物，可当它们去世后不知大家会如何处理呢？我想对此问题做一项调查，感谢您的支持与配合！

（1）您的年龄？

a.30 岁以下　　　b.30～55 岁　　　c.55 岁以上

（2）您正在养宠物吗？（正在养请继续答题，如选没有请跳至第 8
题继续作答）

　　a. 正在养　　　　b. 没有

（3）您为何养宠物呢？（可多选）

　　a. 用来做伴　 b. 对动物感兴趣　 c. 周围的人都在养　 d. 防盗

e. 其他

（4）您喜欢养的宠物属于哪一类？（可多选）

　　a. 猫　 b. 狗　 c. 鸟　 d. 小鼠　 e. 水生类　 f. 其他

（5）您养的宠物狗属于哪种类型？

　　a. 大型（圣伯纳、哈士奇等）　　 b. 中型（雪纳瑞、牧羊犬等）

c. 小型（吉娃娃、博美等）

（6）您觉得您的宠物每个月能让你接受的花费是多少元？

a. 100 以下　 b. 100～300　 c. 300～1000　 d. 1000～3000

（7）如果宠物病了，您会花多少元钱为它治病呢？

a. 200 以下　 b. 200～500　 c. 500～1000　 d. 1000～3000

e. 不在乎多少钱

（8）您不想养宠物的原因？（如正在养可不答此题）

　　a. 太麻烦　 b. 没有时间　 c. 担心宠物不卫生，会危害健康

d. 其他

（9）陪伴王爷爷多年的一只非常可爱的小狗去世了，伤心之余王爷
爷该如何去做呢？

　　a. 火化后埋在宠物墓地，以后还能去看看

　　b. 到小区或郊外找个地方埋掉

　　c. 随家中垃圾一同处理

　　d. 怕埋的时候被别人看见，还是远远地扔到河里吧

（10）虽然王爷爷想了很多方法，可还是拿不定主意，这时遇到了
邻居张叔叔，张叔叔说：

　　a. 好像有地方能处理

　　b. 随便找个地儿，埋深点儿就行了

　　c. 您自己的事，随便，没人管

　　d. 其他

（11）如果把死去的宠物送到殡仪馆，您能接受下面哪种价位？（元）（不选择火化的可不答此题）

　　a. 200 以下　　　b. 200～500　　　c. 500～2000

（12）您认为哪些是人们丢弃宠物尸体的原因？

　　a. 殡仪馆过于昂贵　b. 处理宠物尸体的地点太远

　　c. 不清楚怎么去处理　d. 其他

6. 实地走访

在选定的时间到市农业局、宠物医院等地进行走访，了解宠物医院对宠物尸体是如何处理的，走访一家宠物墓地，了解宠物墓地的基本价位和市民埋葬宠物尸体的情况。

7. 进行社区实地调查

带好所需所有调查用品和宣传用品，包括儿童自制的宣传页、横幅及其他调查问卷等。

8. 小组活动资料整理

例如：资料组和后勤组共同负责

（1）《中华人民共和国动物防疫法》里关于处理宠物尸体的规定；

（2）《土壤及固体废物监测与评价》中关于随意丢弃固体废物对环境造成的循环往复的危害；

（3）《宠物寄生虫病》中关于宠物寄生虫对人类健康的威胁。

调研组和宣传组共同负责

### 问卷调查统计

| 题号 | | 选项 | 人数（个） | 百分比（%） |
|---|---|---|---|---|
| 1 | a | 30 岁以上 | | |
| | b | 30～55 岁 | | |
| | c | 55 岁以上 | | |
| 2 | a | 正在养 | | |
| | b | 没有 | | |

| 题号 | 选项 | | 人数（个） | 百分比（％） |
|------|------|------|----------|------------|
| 3 | a | 用来做伴 | . | |
| | b | 对动物感兴趣 | | |
| | c | 周围的人都在养 | | |
| | d | 防盗 | | |
| | e | 其他 | | |
| …… | …… | | | |
| | …… | | | |
| 8 | a | 太麻烦 | | |
| | b | 没有时间 | | |
| | c | 担心宠物不卫生，会危害健康 | | |
| | d | 其他 | | |
| 9 | a | 火化后埋在宠物墓地，以后还能去看看 | | |
| | b | 到小区或郊外找个地方埋掉 | | |
| | c | 随家中垃圾一同处理 | | |
| | d | 怕埋的时候被别人看见，还是远远地扔到河里吧 | | |
| 10 | a | 好像有地方能处理 | | |
| | b | 随便找个地儿，埋深点就行了 | | |
| | c | 您自己的事，随便，没人管 | | |
| | d | 其他 | | |

电话咨询整理

| 编号 | 受访单位 | 回 答 |
|---|---|---|
| 1 | 市动物监管所 | 染疫动物尸体应该焚烧处理，但市动物监管所不负责处理家庭饲养的宠物尸体 |
| 2 | 区动物监管所 | 不负责家养宠物尸体的处理，只处理一些对社会危害比较大的疫情，例如家养的鸟类确诊为禽流感的，他们会处理，而宠物得的传染病多是在动物之间传播，很少致人发病，像狂犬病也只是个案，不会造成大面积流行。建议深埋（不能破坏绿地）或联系宠物医院及宠物墓地 |
| 3 | 市小动物保护协会 | 现在没有能力处理家养宠物的尸体，目前只做收留流浪猫、流浪狗的工作 |
| 4 | 市园林局 | 埋葬宠物尸体要远离居民的生活区和水源，埋葬宠物尸体的坑至少得深一米，如是病死的坑里要铺有生石灰，但生石灰会对树木的生长有一定的影响，建议还是火化处理后再埋 |
| 5 | 市民政局 | 民政部门不处理宠物尸体，也没有审批过宠物墓地 |

走访的结果

| 编号 | 受访单位 | 回 答 |
|---|---|---|
| 1 | 宠物医院 | 不负责处理宠物尸体，主人自行处理 |
| 2 | 宠物医院 | 可以代收宠物尸体，50元一公斤，由医院联系焚烧，主人不能同去 |
| 3 | 宠物医院 | 不负责处理宠物尸体，医院可以帮忙，收费是小型犬要100元左右，那里的大夫对我们说，其实他们也是在夜里找个没人的地儿给埋了，他们并不太愿意接这种活 |
| 4 | 宠物医院 | 不负责处理宠物尸体，可以帮忙处理，收费标准以宠物体型大小决定，他们自己联系处理，主人不可同去 |

| 编号 | 受访单位 | 回　答 |
|---|---|---|
| 5 | 宠物医院 | 不负责处理宠物尸体，可提供相关的电话自己联系 |
| 6 | 宠物医院 | 不负责处理宠物尸体，主人自行处理 |
| 7 | 宠物墓地 | 选择埋葬的人较多，火化的很少 |
| 8 | 犬管处 | 按照国家规定养宠物要登记，宠物死后也要上报。但不负责处理宠物尸体 |
| 9 | 市农业局 | 不负责家养宠物尸体的处理，建议联系市动物监管所 |

9. 全班儿童交流汇报，进行分析探讨

教师根据儿童的交流汇报，整理归纳观点。

例如：

（1）不同年龄段的人养宠物的原因是什么？

（2）大部分人为宠物消费范围是每月多少元？

（3）半数以上的人为宠物看病的费用在多少元以内？

（4）宠物尸体最好怎样处理？

（5）有百分之多少的人选择将宠物尸体随垃圾扔掉或扔到水里？

（6）大家所能接受的安葬费用在多少元以下？

（7）有百分之多少的人不知道宠物死后该如何去处理？

10. 制作活动宣传信息，提出建议

教师鼓励儿童制作一期活动宣传报，总结宣传本次调查研究活动的成果，提出建议。

例如：

### 调研活动的结论

- 当前城市中每 10 个家庭当中有近＿＿＿＿＿＿＿个家庭在饲养宠物，城市宠物数量在不断地增加。

- 有＿＿＿＿＿％的人选择将宠物火化后埋在宠物墓地，但他们却不愿花太多钱去做这件事，只接受＿＿＿＿＿元以下的火化后埋葬的价位。

- 目前没有法规指定具体负责宠物尸体处理的部门或机构，即使主人随意遗弃宠物尸体，相关单位也很难依照法律对其进行处罚。

- 普通市民对于随意掩埋宠物尸体污染水源对环境造成严重威胁影

响人类健康的风险认识不足。

- 只有将死亡了的宠物进行火化才是最彻底的消毒方式，埋葬和丢弃宠物尸体都将对环境造成潜在影响。

**根据调研提出几个小建议**

- 可通过宠物医院建立宠物尸体回收点，或在各个社区建立宠物尸体处理站来为居民提供方便快捷的处理宠物尸体的机构，之后由专业部门来统一处理。
- 对宠物要加强监管、建立档案，宠物的寄养、死亡都要有据可查。如因宠物死亡后而再次饲养宠物的市民，必须出示宠物的无害化处理证明，才可以饲养新的宠物。
- 建立一个无毒、无害、经济又环保的处理宠物尸体的机构，为人畜共建一个安全的生活环境。
- 尽早对宠物殡葬进行单独归类立法，通过单部法规规定对宠物尸体进行火化，并明确划分各相关部门的职责，完善整个管理流程。同时对随意丢弃宠物尸体的行为予以适当处罚，以引导居民正确处理宠物尸体。

### ⑦ 城市草高路低

对象及人数：小学五年级至初中一年级儿童，20人。

时间及地点：室内外，1个月。

### 一、背景概述

城市草坪和花草树木创造了社区美好的生活环境。草坪植物碧绿如翠，给人以愉悦的美感。特别是四季常青、绿草如茵的草坪，更是深受市民的青睐和喜爱！城市草坪对城市建设和人体健康有着多种特殊功能：草高路低的绿化模式表面上看起来比较美观，道路显得比较整齐，但是下雨的时候最想喝水的草坪由于高于路面而留不住水分；要供人走车行的、最不想有水的路面却积水成河。在旱季工人们为草地浇水时，草地上的水总会流到比它地势低的马路上，结果造成了水资源的浪费，道路积水影响交通。社区草坪高于路面的现象普遍存在，这反映了北京绿化建设规定细节方面的不足。

本活动希望儿童通过考察本社区草高路低的现象，使儿童能够关心环境，关注社会，特别是关注社会的细节，探讨怎样的绿化更合理。对社区绿化存在的问题表达自己的观点和看法。

**二、材料**

笔记本、笔、直尺。

**三、步骤**

1. 每个活动小组选择一块绿地，目测法观察是否存在草高路低的现象。

2. 用大可乐瓶装满水在绿地最高处倒水，观察记录水的流速，确定土的坡度、用徒步法测量绿化草高出地面的范围。

3. 测量挡墙内距土面高度，同时观察草的长势情况，分析挡墙高度与绿化草长势之间的关系。

4. 采访绿化队的专家，了解城市绿化和路面高度的关系。

5. 根据调查结果写出调查报告，提供绿化部门参考。

【活动引导提示】

1. 本活动要培养儿童关心身边的细节问题，敢于表达自己的观点，社区草高路低问题存在多年，而国家更重视对宏观政策上的把握，缺乏对具体细节的施行性。目前还没有在绿化挡护和绿化植被间相对高度方面的明确限定，导致了设计及验收工作在很多的细节方面存在很大的随意性。儿童善于发现这些细节问题，并进行研究分析提出合理化建议。真正体现"我的社区我做主"的主人翁精神。

2. 本活动采用实地调查和采访法，实地调查可以使儿童掌握真实的资料，数据真实可靠，提出的建议具有针对性。

3. 适合小组活动也适合多人参与。

4. 北京一名小学生的研究分析结果表明：

（1）绿化挡墙高度与植物生长的关系是：

绿化挡墙高度高于植物地面，植物生长得很好；

绿化挡墙高度和植物高度相近，植物长势一般；

绿化挡墙高度低于植物，植物长势就很差。

（2）绿化挡墙高出绿化地面 7～15cm 是一个比较科学合理的高度：

可以更好地留住雨水和灌溉水，有利于植物生长；

基本上可以消除绿地泥土流失，使周围环境更整洁更干净；

使人行路面与绿化带区域更清楚，减少行人践踏绿化植物。

绿化挡墙低于植物会造成的后果：

由于草高路低造成灌溉水的流失而导致水资源浪费；

草高路低造成自然降水还未渗到地下就蒸发掉了，导致绿化植物生长因用水严重不足而大量死亡；

造成土壤流失，死亡的植物起不到固化土壤的作用，雨天会随着雨水流失掉，大风天还会造成扬尘；

植物死亡后的枯草败叶破坏环境；

增加人员的养护成本。

### ⑧ 排除下水道的"肠梗阻"

对象及人数：小学五年级至初中一年级儿童，20人。

时间及地点：城市各种主干道路，1个月。

**一、背景概述**

夏季遇到大雨时，城市道路经常出现严重的积水现象，造成"城市洪水"，这种现象的原因是由于下水道堵塞，人们形象地称为"肠梗阻"。"肠梗阻"现象对城市交通和公共设施形成潜在威胁。下水道堵塞物还可以转化成多种有毒有害和可燃气体。本活动通过儿童对城市下水道堵塞情况的调查，了解城区下水道堵塞现状；实验下水道地沟油泥能否产生气体并记录产生气体的量；分析堵塞位置及特点，找出堵塞规律和原因；寻找解决"肠梗阻"的办法，提出意见和建议。

在调查的过程中，使儿童了解自己生活的社区，了解社区存在的问题，达到儿童参与社会活动，提出自己观点的目的。

**二、材料**

记录本、笔、可乐瓶、带导管的单孔塞子、水盆、量筒。

**三、步骤**

1. 实地考察

在社区周边的各主干道上、立交桥下、农贸市场、餐馆旁、汽车站等地点随机选取下水道100个进行观察，将堵塞情况进行分类。

下表是北京一名小学生调查归纳的结果。

| 根据堵塞物分成7大类 | 数量 | 堵塞地点大多位于 |
| --- | --- | --- |
| 污水堵塞 | 28 | 老城区狭窄的道路上 |
| 厨余垃圾（地沟油泥）堵塞 | 18 | 位于餐馆旁边 |

续表

| 根据堵塞物分成 7 大类 | 数量 | 堵塞地点大多位于 |
|---|---|---|
| 树叶、烟头等杂物堵塞 | 16 | 公交车站、地铁、立交桥边 |
| 生活垃圾堵塞 | 13 | 农贸市场和早市附近 |
| 泥土等沉积物堵塞 | 10 | 人车往来频繁的地方 |
| 烧烤竹签等杂物堵塞 | 8 | 露天烧烤街头小吃店 |
| 被人为遮盖而堵塞 | 7 | 街头商家的门口 |

2. 实验验证地沟油泥所产生的气体

● 把地沟油泥倒进 500 ml 圆底烧瓶中用带导管的单孔塞塞紧（也可用大可乐瓶代替）；

● 把导管的另一端通入装满水并倒扣在水槽里的集气瓶中（收集气体的集气瓶也可以用画好刻度的可乐瓶代替）；

● 用排水取气法了解地沟油泥所产生的气体，观察并记录产生气体的量。

【活动引导提示】

1. 本活动是希望儿童通过对自己社区周边下水道堵塞问题的调查，来了解自己住所周边存在的环境问题。用科学的方法开展调查研究，为相关部门提供参考建议，在调查活动中进一步增强儿童对自己家园的关爱。

2. 儿童通过自己动手实验了解到下水道地沟油泥如果不及时清理就会产生大量气体。这些气体大部分是有毒、有害和可燃气体。积累的量达到一定程度就会引起爆炸（有条件的学校可以进行有害气体检测来了解这些气体的化学成分）。

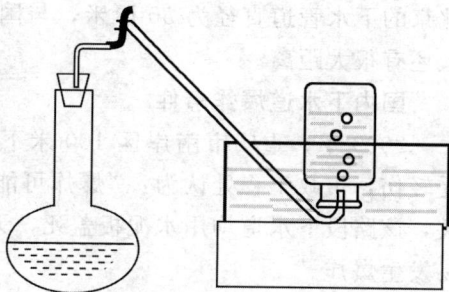

3. 实地调查法能够直接地掌握第一手资料，儿童在接触社会的过程中了解社会，从中发现问题，并对该问题进行分析，找出解决问题的方法。除了下水道堵塞问题，实地调查法还可以了解很多现实生活中的

问题和不合理现象。如社区狗粪问题、流浪猫的问题、公共厕所标牌不规范的问题，夜光灯对居民的影响问题等。

4. 该活动适合以调查小组的方式进行，每个小组选出负责人，负责召集组织协调。可以成立若干个小组进行，使调查的范围更广泛。

5. 资料。

### 世界大城市下水管道的规模

| 城市名称 | 管道直径 | 管道总长 | 道路排水设计标准 |
|---|---|---|---|
| 巴黎 | 4 m | 2347 km | 100 年一遇 |
| 东京 | 10 m | 15000 km（污水、雨水、合流管） | 15 年一遇 |
| 伦敦 | 3 m | 2000 km | 100 年一遇 |
| 纽约 | 3 m | 9600 km | 10~15 年一遇 |
| 柏林 | 4.4 m | 4206 km | 100 年一遇 |
| 北京 | 50 cm | 3807 km（污水 1665 km，雨水 1386 km，合流756 km） | 1~3 年一遇（重点地区为 5 年一遇） |

欧美国际大城市排水系统设计标准都在 100 年一遇甚至 300 年一遇，而北京一般道路排水设计为 3 年一遇（一年一遇是每小时可排 36 毫米雨量标准），重点地区如天安门和奥运公共区排水能力为 5 年一遇，北京的下水管道直径为 50 厘米，与国外大城市相比，北京在硬件设施上还有很大距离。

**国内下水道爆炸事件**

2009 年，重庆市南岸区 100 米下水道爆炸，地下冒出火球，两人受轻伤，市政工程处认为："爆炸可能与下水道内残渣淤积产生沼气有关，该路段下水道均用水泥板盖死，天气闷热沼气增多，遇到明火就容易发生爆炸。"

2009 年 1 月，合肥市一农贸市场旁一处下水道突然发生爆炸并起火，强大的冲击力将几十斤重的水泥盖板冲出 3 米多远。经过测量，发现下水道内沼气浓度较高，初步判断为有人向下水道倒入了液化气残液，液化气与沼气混合达到一定浓度，最终导致爆炸发生。

2010 年 5 月 26 日，在青岛市建材市场，王女士像往常一样，在门口下水道上面的水泥盖上点起炉子烧水。突然间，炉子周围着起一个直径一米多的火球，随着这声巨响，盖在下水道上面的水泥盖子纷纷被顶起。化验样品里没有含油成分，只是氨氮含量比较高，达到了 29.7%。

2009 年 10 月 10 日，位于北京立水桥东北侧的北方明珠楼盘，停车场中的下水道发生爆炸，爆炸现场附近停放的五辆汽车受到不同程度的损坏。据停车场工作人员介绍："下水井内流的是经过小区化粪池处理后排出的污水，含有沼气。可能是遇到明火，引起爆炸。"

# 第三部分 与学校有关的活动

## ① 学校节水审计

对象及人数：小学、初中儿童，20 人以上。

时间及地点：室内和室外，1 周。

### 一、背景概述

节俭、关怀和保护，对于儿童来说虽然很抽象，但一点也不陌生。在日常生活中，儿童经常会听到"我们要勤俭节约""我们要关爱生命""我们要保护资源"等这样的话，当人们跟其他物质发生关系时，我们怎样做才是"节俭"，怎样做才是"关怀"，怎样做才是"保护"，这些都需要在具体的活动中，在儿童的思考讨论过程中去体会、去感悟。这个活动是通过儿童在"学校节水审计"的活动中，真正体会到节约用水，关心水资源浪费，保护水资源，像对待自己的生命一样对待水资源，并在活动过程中理解这些抽象的概念。

### 二、材料

家用水表、刻度杯、审计用表、笔。

### 三、步骤

1. 学会查水表

每个水表上都会有"m³"的字样，"m³"代表立方水，是水表读数的单位，1 立方水＝1 吨水。老式水表总共有 9 个转轮，一个大的在中间，8 个小的分别在四周。其中，8 个小转轮中有 4 个红色的，它们下

边分别写着 ×0.1、×0.01、×0.001、×0.0001，红色转轮表示小于 1 吨，"0.1"代表 1/10 吨水，"0.01"就代表 1/100 吨水……除了 4 个红色小转轮外还有 4 个黑色的，他们下面分别写着 ×1、×10、×100、×1000，黑色转轮表示大于 1 吨，"1"代表 1 吨水，"10"代表 10 吨水……每个小转轮就像一个小时钟，刻度从 0 到 9，读数时按照"逢小读数"的原则，比如：指针在 4 到 5 之间，就读 4，以此类推。

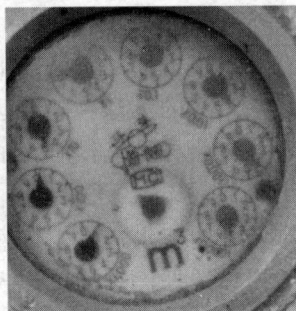

　　例如：×1000 上是 1，×100 上是 5，×10 上是 6，×1 上是 2，那就是迄今为止这个水表用了 1562 吨水（小于 1 吨的数不用管它），用这个数减去上个月的水表显示数，就是你这个月的用水量。

　　2. 关于水龙头漏水的审计

| 水龙头漏水审计 | | | | | | | | |
|---|---|---|---|---|---|---|---|---|
| 漏水水龙头所在地点 | 漏水原因估计 | | 漏水情况 | | 浪费水量计算 | | 每天耗水量 | 每月耗水量 |
| | 损坏 | 忘记关掉 | 严重 | 不严重 | 1 分钟 | 1 小时 | 升 | 吨 |
| | | | | | 杯 | 杯 | 升 | 吨 |
| | | | | | 杯 | 杯 | 升 | 吨 |
| | | | | | 杯 | 杯 | 升 | 吨 |
| | | | | | 杯 | 杯 | 升 | 吨 |
| | | | | | 杯 | 杯 | 升 | 吨 |
| 如果一个水龙头在 10 分钟内装满一杯水，那么它就会使足够你全年洗澡 52 次的自来水白白浪费了，也相当于一年内你每天喝 65 杯水的量。 | | | | | | | | |

3. 关于浇地耗水量的审计

| 浇地时间（按每分钟计算） | | | | | | | 每周用水 | 全年用水 | 全年水费 |
|---|---|---|---|---|---|---|---|---|---|
| 周一 | 周二 | 周三 | 周四 | 周五 | 周六 | 周日 | | | |
| | | | | | | | 吨 | 吨 | 元 |

　　观察水表记录：浇地 1 分钟耗水多少升，每次管理员浇地多长时间，每周浇几次，用水多少，将每周浇地用水量加在一起，看看是多少，如果按通常的用水量，计算全年用水多少，折合水费是多少。

　　改变浇地的习惯，换喷灌浇地或控制浇地时间，再计算每周、每年的用水量，计算全年水费是多少，比上一年节约了多少钱。

4. 审计学校一天用水量

学校一天用水量的审计

| 用水情况 | 之前表数 | 之后表数 | 用水量 | 用水情况 | 之前表数 | 之后表数 | 用水量 |
|---|---|---|---|---|---|---|---|
| 洗手 | | | | 打扫卫生 | | | |
| 午饭 | | | | 冲厕所 | | | |
| 浇地 | | | | 喝水 | | | |
| 其他 | | | | | | | |

　　改变用水习惯，一水多用后再进行审计看一天内节水多少，长期坚持下去一年内节水多少，为学校节约水费多少。

【活动引导提示】

体现生态道德品质和相关的价值取向之处

本活动以培养"节俭、关怀、保护"为目的，因此从引发儿童关注学校节水开始着眼，教师要以对待"人"一样的心态和语言引导儿童对水的关注，也就是首先要转换"视角"，即从看"物"的角度，转换为看"一个像人一样的，独立的生命"的角度。比如可以这样引入：

水是一种无色无味、特殊奇怪的液体，它是不可替代的，我们大家都需要它。但在日常生活中，我们大家却忽略了"滴水"的浪费。据测定，"滴水"在 1 小时可收集 3.6 千克水；一个月可收集 2.6 吨水；足可供给一个人一天的生活需要；一个不关紧的水龙头，一个月可流掉 1～6 吨水；一个漏水的马桶，一个月可流掉 3～25 吨水。因此，节约用水要从点滴做起，保护水资源就是保护人类自己。

● 对于活动方法的解读

这个活动采用了体验式学习的方式，让儿童自己审计"学校节水"情况，通过学习认识水表，对水龙头漏水、学校浇地用水的审计，建立对"节约用水、保护水资源"的直接经验，直观地了解和体验水是生命之源，最后对学校一天用水量及水费进行审计，引导儿童思考和梳理自己的发现和感悟，最后教师帮助儿童提炼总结，提升儿童对水资源的理解。也就是"体验活动—引发感悟—分析思考—提炼观点—加深理解"的过程。

其中比较关键的，一是教师不能代替儿童，一定要让儿童自己完成整个过程；二是教师要与儿童分享自己的感受及对节约水资源的理解。

● 强化儿童参与，灵活运用本活动的建议

本活动了解的是"学校节水审计"，其实我们可用相同的方法去对其他领域其他物质进行审计，了解其他领域其他物质的节约情况。即儿童先从学校进行节水审计开始，然后还可运用同样的方法对学校用电、垃圾排放等进行审计，找到问题，给学校提出合理化建议，并一起行动，把不太好的生活习惯改掉。为了更好地体现"儿童参与"，教师可征求儿童意见，让儿童对自己喜欢的领域、喜欢的事物进行审计，这样可更好地调动儿童参与活动的积极性和主动性。

另外，这个活动除了可应用于兴趣小组外，还可用于各种大型活动，因为任何一个大型活动都需要分组进行，让每个孩子都有参与活动、提出建议的机会，然后小组分享，找出有代表性的例子，教师加以提炼，总结出可为大家提供借鉴的经验。

● 活动所涉及的生态保护的知识和技能点

教师要通过学校用水审计活动使儿童认识到只要稍微注意改变一下自己的用水习惯，长期坚持下去，就可以节约很多水，也为学校节省了开支，更为节能减排作出贡献；学校可安排儿童定期在班上讨论，汇报自己每天采取的节水措施和节水情况。另外，儿童还必须认识到，我国人均水资源占有量仅有 2200 立方米，是世界平均值的四分之一，被列为人均占水量最匮乏的国家之一。在我国的 600 多个县级以上城市中，有 300 多个城市缺水，特别是大中城市，如不立即采取措施，我国将面临严重的淡水危机。因此，千万不要认为节约用水和你无关，我们应从小树立节约用水的意识，如果我们每位儿童都能把节约水资源当做自己每天要完成的任务，自然就能从我做起，还能带动周围亲戚朋友一起节水。

### ② 吊灯与节能

对象及人数：小学高年级至初中儿童，20 人以上。

时间及地点：室内，1～3 天。

### 一、背景概述

"节约""保护"对于儿童来说有点抽象，但一点也不陌生，在我们的日常生活中，我们经常能听到这样的话："我们要节约粮食""我们要节约用水""我们要保护自己""我们要保护小动物"等，那么我们应该怎样做才算是"节约"，怎样做才算是"保护"呢？这就需要我们在具体的活动中去感悟了。这个活动就是通过儿童亲身参与设计调查问卷、进行调查、模拟实验等活动，不但提高了儿童的动手能力、独立思考能力，而且培养了儿童节约用电，减少碳排放的环境保护意识，进而能更好地理解"节约""保护"这些抽象的观念。

### 二、材料

笔、记录本、查阅的相关资料、白炽灯 15 W、25 W、40 W、60 W 各 1 个；节能黄光荧光灯 9 W、11 W 各 1 个；节能白光荧光灯 11 W 1 个；测距仪、照度计、测温计、卷尺、可移动式灯具、调查问卷（关于学生和教师的）。

照度计　　　　　　测距仪　　　　　　测温计

（注：以上仪器均可在网上购买到，一般的物理实验室也可借到）

## 三、步骤

1. 将儿童分成若干组，每组 4 人。

2. 调查学校儿童，了解室内吸顶灯和吊灯照明的情况，掌握使用者对安装方式和节能的重视程度，下面是某小组的调查结果（见表1）。

表 1　学生寻访概况

| 项目 | 情况及说明 | |
| --- | --- | --- |
| 调查空间 | 家庭学习空间（家庭） | 调查结果代表性、适用性强 |
| 被寻访对象 | 学生 | 便于集中收集情况 |
| 与被访者关系 | 同学 | 易沟通、数据真实 |
| 被调查者数量 | 10 名 | 便于统计 |
| 被调查者文化程度 | 小学六年级 | 已具备一定的理解、辨别及表达能力 |

3. 调查学校教师，了解室内吸顶灯和吊灯照明的情况，掌握使用者对安装方式和节能的重视程度，下面是某学生的调查结果（见表2）。

表 2　教师寻访概况

| 项目 | 情况及说明 | |
| --- | --- | --- |
| 调查空间 | 办公工作空间（办公） | 调查结果代表性、适用性强 |
| 被寻访对象 | 教师 | 便于集中收集情况 |
| 与被访者关系 | 本校教师 | 易沟通、可以追踪 |
| 被调查者数量 | 10 名 | 便于统计 |
| 被调查者文化程度 | 大学专科以上 | 从不同层面了解 |

4. 以小组为单位统计自己的调查结果。

5. 在相同照度下，通过对不同功率白炽灯光源进行灯具安装高度的测量，将测量结果记录在表3中。

表3　白炽灯功率与距离的关系

| 照度标准 | 必须达到相同照度 300 lx 时 | | | |
|---|---|---|---|---|
| 灯具瓦数（W） | 15 | 25 | 40 | 60 |
| 垂直距离（cm） | | | | |

6. 在相同照度下，通过对不同功率节能型荧光灯光源进行灯具安装高度的测量，将测量结果记录在表4中。

表4　不同类型节能灯光源与距离的关系

| 照度标准 | 必须达到相同照度 300 lx 时 | | | |
|---|---|---|---|---|
| 灯具类型及瓦数（W） | 9（黄光管型） | 11（黄光管型） | 11（黄光泡型） | 11（白光管型） |
| 垂直距离（cm） | | | | |

7. 根据查阅的资料，分析并讨论自己的调查结果、实验结果及它们之间的联系。

【活动引导提示】

1. 体现生态道德品质和相关的价值取向之处

这个活动以培养"节约、保护"为目的，因此从引发儿童关注身边的"灯饰"开始，教师要以对待"人"一样的心态和语言去引导儿童关注灯饰，也就是要转换"视角"，即从看"一个物品"的角度，转换为看"一个独立的生命"的角度。比如可这样引入：

每天傍晚的时候，我们就打开电灯，坐在明亮的灯光下，看书、画画、看电视、吃晚饭……电为我们的生活提供了方便，但是，电会不会也像人类一样，会疲劳、会生病呢？小朋友们在学校是否经历过突然停电、电器突然不工作等问题呢？

指导儿童认识到，这些现象都是因为我们平时没有"节约用电"，没有"合理用电"造成的麻烦。

2. 对于活动方法的解读

本活动采用调查、实验的方式，通过儿童自己设计调查问卷、咨询教师，修改完善自己的调查问卷后，再以小组为单位对本校教师、儿童进行调查，从不同角度调查教师、儿童对吸顶灯和吊灯看法，然后儿童再自己设计模拟实验来验证自己的调查结果。最后，教师组织儿童对调查、实验结果进行分析讨论，教师应指导儿童树立一定的节能减排意识，学会从自己做起，从身边做起，真正做到"低碳生活"，从而为保护我们的生态环境尽微薄之力。

3. 强化儿童参与，灵活运用本活动的建议

本项活动了解的是"灯饰"的节能问题，其实可用相同的方法研究各种电器的节能问题，关键是活动中体现的价值观和对人与电之间关系的理解。因此，如果要更好地体现"儿童参与"，可让儿童自己选择要了解、研究的家用电器，而不局限于"灯饰"，这样可更好地调动儿童的积极主动性。

另外，除了电器类的节能问题外，该活动还可用于任何物品的节能问题研究，也可组织大型的环保节能活动，可以以个体或小组为单位开展研究活动。

4. 活动所涉及的生态保护知识和技能点

随着我国经济、城市建设及工业的迅速发展，能源的消耗大幅度增加，随之而来的是资源无度开采，气候、环境迅速恶化。在此阶段，国家提出了建立"环境友好型，资源节约型"的发展政策。

目前，我国电力资源中约有 12% 消耗于照明领域，推广节能照明能够缓解电力资源紧张，取得巨大的环保效益。建设部于 2006 年 7 月 4 日发布了《"十一五"城市绿色照明工程规划纲要》，国家将贯彻节能优先政策，并将"照明器具"列入节能重点领域，在"十一五"期间，推进绿色照明工程。

所谓"绿色照明"是指在满足照明质量和视觉要求的前提下，通过提高整个照明系统的节能能力实现节约能源的目的。但从目前国内一些绿色照明推广较好的大城市来看，采取的节能方式较为单一，主要指节能灯具广泛应用于道路、学校、家庭、城市的日常照明中，以达到节能的目的。人们在照明节能及灯具的使用和选择上还存在一定的误区，认为"绿色照明"是单纯地靠降低照明标准或仅仅采用节能灯具来实现，采用节能灯具太贵。

③ 学校用电情况调查及行动

对象及人数：小学和初中儿童，40 人。

时间及地点：室内，1～3个月。

**一、背景概述**

节俭、关怀，对于儿童来说虽然很抽象，但一点也不陌生，在日常生活中，儿童经常会听到"我们要节约用电""我们要关爱生命"等这样的话，当人们跟其他物质发生关系时，我们怎样做才是"节俭"，怎样做才是"关怀"，这些都需要在具体的活动，在儿童参与活动、动手实践的过程中去体会和感悟。

这个活动是通过儿童在"学校用电情况调查及行动"的活动中，在调查、实验学校节电的过程中，真正体会到节约用电，关心能源缺乏，像对待自己的朋友一样对待"电家族"的每一位成员，并在活动过程中理解这些抽象的概念。

**二、材料**

查阅的资料、照度仪、照相机、调查表。

**三、步骤**

1. 收集有关电与能源的知识。

需要收集的资料：

- 煤、石油、天然气等不可再生能源的储量及还可使用的年限；
- 目前清洁能源和可再生能源使用情况；
- 学校用电的来源情况；
- 测量照度所需的仪器、测量方法。

2. 从学校的后勤部门查阅学校近2～3年的年用电量、电费及当年的月用电量、电费数据，并抄录或复印下来。

3. 比较近2～3年学校用电量的变化，哪一个分电表记录的用电量最大，哪一个最小？下面是某小组整理的学校用电情况。

| 某学校年用电量情况 | | | |
| --- | --- | --- | --- |
| 年　份 | 2001 | 2002 | 2003 |
| 用电量（度） | 12500 | 13300 | 12800 |
| 电费（元） | 6250 | 10850 | 6400 |

4. 按下面的形式整理调查结果。

### 学校用电情况调查表

调查小组：　　　　　　　　　　　　　　　　时间：

| 区　域 | 使用电器 | 使用人群 | 使用情况 |
|---|---|---|---|
| 一楼 5 间教室 | 30 个 40 W 的荧光灯管 | 初一儿童 225 人 | 上课、下课时所有灯都打开，在操场做操时也不关灯 |
| 计算机教室 | 40 台 50 W 的计算机 | 初一儿童 | 上计算机课时使用，一般开机后使用一天，中间不关机 |
|  |  |  |  |

5. 汇报在调查中发现的不合理用电的现象：

全体同学离开教室时，忘记关灯；计算机长时间不使用也不关机……

6. 小组成员根据发现的不合理用电现象，有针对性地提出节电方法，并在讨论的基础上，完成一个切实可行的节电计划。

### 学校节电计划

制订这个计划的目的：在不影响同学和老师正常工作和学习的前提下，尽可能地节约用电，节省学校开支，节约资源，保护环境。

具体的做法：

1. 在阳光充足的 9：30～14：30，每个教室少开一半的电灯。

2.……

7. 对节电计划的各项措施，用照度测量的方法检验它们是否会影响正常的学习，并征求使用者的意见。

8. 参考下面的形式，形成本组的学校节电计划，并将照度测量的结果记录下来，并征求使用者的意见。

| 节电措施 | 照度检测结果 | 使用者的意见 | 是否修正 |
|---|---|---|---|
| 措施 1 | | | |
| 措施 2 | | | |
| | | | |

照度检测结果

9. 和同学们一起实施计划，坚持一个季度，然后看看这样做的效果如何？都遇到了哪些困难？克服困难的办法是否合理？为什么？还需要在哪些方面改进？

10. 同学们根据实践结果，正式制订一个学校节能计划，递交给校长，争取学校的支持，在全校开展节能行动。有实践经验的同学担当讲解员，向全校介绍活动的意义和注意事项。

【活动引导提示】

1. 体现生态道德品质和相关的价值取向之处

这个活动以培养儿童"节俭、关怀"的生态品质为目的，因此从引发儿童关注学校的用电情况开始，教师要以对待"人"一样的心态和语言引导儿童对"电家族"的关注，也就是要将看问题的视角，从看"不知痛痒的物"的角度，转换成看"一个像我们一样的独立生命"的角度。即把"电家族"当成我们最亲密的朋友，当成一个一直在默默无闻地为我们服务和工作的朋友，当成一个不知疲倦、日夜辛劳的朋友来对待。让儿童在活动中认识到自己一直是"电家族"服务的一员，我们应该去节约电能，关心"电家族"的每一位成员，以免对我们的人身和生活带来不必要的伤害。

2. 对于活动方法的解读

这个活动采用查阅资料、走访调查、设计实验的方法，通过儿童自己设计调查问卷进行调查，自己整理调查结果，相互讨论，制订出学校的节电计划，并通过实验验证调查此计划的可行性，最后完善自己的节电计划等过程了解了学校的用电情况，并通过对结果的讨论分析，得出学校节约用电的实施方案。即本活动采用"查阅资料—走访调查—整理结果—讨论分析—制订计划—实验验证—完善计划—提出建议"的过程。

3. 强化儿童参与，灵活运用本活动的建议

本项活动了解了"学校的用电情况"，其实我们可采用相同的方法了解任何一个地方的任何一种能源。关键是活动中体现的价值观和对人与电之间关系的理解。为了更好地体现"儿童参与"，教师可让儿童自己选择自己喜欢的能源去调查研究，这样更能激发儿童的积极主动性。

另外，本项活动不仅可通过个人来完成，也可通过小组合作的方式完成，甚至还可适用于数百人的大型活动，因为任何一个大型活动要想落到实处，都必须将很多人分成若干小组，然后再以小组为单位进行活动。调查活动就更是如此，很难想象几十人几百人一起去哪个单位哪个部门去调查，势必要分成小组或者以个体的形式，分头去调查，然后逐层分享，将有代表性的典型结果提炼出来，以供大家借鉴。

4. 活动所涉及的生态保护的知识和技能点

教师要引导儿童理解"节约用电"不仅仅是我们自己和学校的义务，还是我们的家人、朋友和身边每一个人的义务。每当我们在明亮的教室里学习，在明亮的家里看书、学习、看电视、打电话的时候，电都在默默无闻地为我们服务，它们不怕辛苦、日日夜夜为我们工作，我们要像善待我们的朋友一样，善待和呵护"电"，因为没有电，将严重影响我们的正常生活。

④ 小白兔的伤痛

对象及人数：小学五年级到初中二年级儿童，30人。

时间及地点：室内，45分钟。

**一、背景概述**

在道德教育里，非常注重人与人之间的仁爱和尊重，却忽视了人与其他动物之间也需要尊重。实际上，人类的生活和生产与自然界有非常紧密的联系。但是人们却经常性地以"支配者"的姿态出现，将其他生物的生老病死当做自己所掌控的事情，有时以保护和科研的名号做着伤害生态的事情，虽然目的是积极的，但在方法上却缺失了对生命的尊重以及对生命所遭受苦难的同情。这个活动希望通过儿童间的讨论和教师的引导，明确这样一个我们必须要遵守的准则：即使目的是为了造福人类和生态，也要在探究的过程中怀着对自然界的尊重和仁爱！

## 二、材料

相关背景材料、纸、笔。

## 三、步骤

1. 将儿童进行分组，大约4～5个人为一组。给儿童讲下面这个真实的故事。

几位初中生为了探究一种药物对骨骼康复的影响情况，将小白兔的腿部肌肉割开露出胫骨，并将胫骨打了两个孔，在其中一个孔中填充了药物，另一个作为对照没有打孔。最后为了对药物的治疗效果进行检测，先后处死六只小白兔，进行解剖。

将小白兔作为实验品进行活体实验，是为了更好地治疗受伤的动物和人，是为了人类和动物造福。但是同时，这样为了研究药效而故意伤害动物的躯体是否和我们的初衷背道而驰呢？我们打着保护生态的名号，却用破坏性的手法进行着保护和研究，忘记了我们应该尊重这些身边的生命，顾及其他生物的感受。

我们有时候为了了解动植物的有关知识，长时间保存它们的形态，会将动植物做成标本。当我们将美丽而富有生命力的花草植物连根拔起，让它们离开土地、水分和阳光，在吸水纸的挤压下慢慢枯黄的时候。我们是不是应该反思这种打着保护植物、普及知识的行为实际上并没有尊重自然呢？

更有甚者，为了举办一次展览，竟然将退役的功勋警犬"菲生"掏空内脏进行活体解剖并制作成标本。而进行活体解剖的目的竟然只是因为这样可以让做出来的标本更加逼真，毛色鲜亮，主办方甚至觉得这么做是对功勋警犬的最高奖励！

请各个小组的同学进行讨论，为了保护或者研究生态环境而做一些伤害身边动植物的行为是否值得肯定？在人类行为和生态道德之间，究竟谁是主体？有力量支配其他动植物，就可以不顾及它们的感受了吗？

可能得到的答案：

● 上述的行为不值得肯定，这些行为的本身已经背离了初衷。

● 人类的行为应该尊重生态，在这样的前提条件下开展研究和保护工作才是真正有意义的。

● 有力量支配不代表不需为其他生物着想，越强大的力量代表着更大的责任，我们的责任是营造一个与自然和平相处的环境，而不是为了满足自己的欲望而无限制地向自然索取。

2. 请各个小组为上述的三个事例提供更好的解决方法，并说明这种解决方法是如何体现我们对于自然界的尊重的。

可能的答案：

● 用本身受伤的动物进行研究，在检查治愈情况的时候，采取不需要处死小白兔的方法进行检测。

● 用图片、影像资料等方式收集植物的特征。如果必须观察实体，可以去自然博物馆等科普单位进行观察。

● 不必为了过分追求标本的效果而采取如此残忍的手段。在等警犬自然死亡后再制作标本，才是真正的尊重。用图片、蜡像等形式进行宣传，也可以达到相同的效果。

● 以仁爱之心平等对待生命，这是为人独具的道德准则，也是社会文明进步的体现。己所不欲，勿施于"物"。当人性化的旗帜不断得到张扬之际，关爱其他生命、尽量减少甚至避免对它们的残害，也正逐步得到社会各界的认同。我们在进行科研等工作的过程中，也要尊重这些与我们一样平等的生命，将他们当做朋友一样看待。

【活动引导提示】

1. 体现生态道德品质和相关的价值取向之处

本活动所体现的道德品质是培养儿童对于其他生物的"仁爱、尊重、同情"。用小白兔做活体实验并且为了研究康复情况处死小白兔，显然没有怀着仁爱之心去对生态进行研究。在研究生态之前，首先要尊重生态，才能保证在研究的过程真正对生态自然和人类都有益。通过对这个材料的思考，引申到在我们身边生活中其他类似的事例。

在活动过程中，教师要首先传达的就是每一个生命都有生存下去的权利。我们不应该出于自身的欲望就草率地威胁他们的生命。我们应该将其他生物当做地球这个大家庭里的好邻居。尊重它们，对于受到不公正待遇的生物应该有同情和仁爱之心。

在讨论中，一个重要的关注点就是：为了生态研究或者科研，我们是否就可以无限制地对其他生物进行实验甚至是夺取它们的生命。在科研的旗号下是否要掩盖对于自然的关怀和仁爱？

2. 对于活动方法的解读

本活动用一个身边的事例作为引入，但论点并不应该只是这个事例。引导儿童从这个事例出发，扩展到整个可能出现这种问题的领域，进行思考、讨论和分享。经历"发现问题—审视问题—提出解决问题的建议"这样三个阶段，使儿童不但对于存在的问题有了更加深刻的认识，在道德的层面上也得到了升华。

由于主要采取讨论和分享等方式，教师的引导就变得尤为重要。既要将话题控制在话题本身，也不能在引导的过程中将自己作为主体，要关注儿童自己的讨论和思考，说不定还可以带来不一样的惊喜。

3. 强化儿童参与，灵活运用本活动的建议

由于本活动存在比较有争议的论据，在大型的活动中比较适合做成一个辩论会的形式。指定正方和反方进行辩论，比如以"采集标本应不应该？"作为论题。可能我们采集标本对于整个生态并不会造成多大的影响，但是作为一个人，我们首先是要有自己的道德准则的，"勿以恶小而为之"。这样才能在以后的科研和考察中做到真正地为自然服务。

4. 这个活动所涉及的生态保护的知识和技能点

本活动所涉及的生态保护问题也是现在最热门的问题。从 20 世纪的捕猎热潮导致众多生物灭绝，到工业革命将动物的栖息地破坏；从国际上众多的环保组织所提倡的素食和反皮草，到那个充斥着血腥和危险拍摄而成的伟大纪录片"海豚湾"。这是一个全人类都应该思考的问题，而作为面向儿童的讨论，我们应该更加关注他们身边的事例。虽然这些事例没有那么触目惊心，甚至还可以因为基于关乎人类发展和生态探索的目的而得以开脱。但是可以传达的道德准则是一样的，就是每个生命都有生存的权利，我们应该对其他生命给予仁爱、尊重和同情。

⑤ 校园绿地图

对象及人数：小学高年级和初中低年级儿童，40 人。

时间及地点：室内、室外，60 分钟。

一、背景概述

"学习、关怀、保护"的生态品质，是很抽象的，我们经常听到"向雷锋同志学习""同学之间要相互关心""我们要保护小同学"等这样的话语，人与人之间尚且如此，当人与自然界中的其他生物发生关系

时，我们做什么才是"学习"，如何做才算是"关怀"，什么举动才是"保护"呢？这些都需要儿童在具体的活动中，在接触生物的过程中才能体会到。这个活动将通过引导儿童了解校园的生态环境，让儿童像对待自己的伙伴一样，了解校园的绿色生物，并通过自己的观察、调查和理解绘制出一幅"校园绿地图"，培养儿童的生态保护意识，使儿童在整个活动过程中理解这些抽象的观念。

二、材料

白纸、水彩笔、校园平面图。

三、步骤

1. 拼图游戏。

（1）拼图（8块×5组）（如下图）。

（2）正面是一张大的图标，可以按照要求分成不同数量的小块拼图。背面则是各种小图标。

（3）每个人拿到一块拼图，能拼成一整张的儿童组成一组。

对照绿地图的标准图标，说出自己小组的图标意义，熟悉基本图标类型（下面提供了一些基本图标，更多的图标可以在绿地图的国际网站上下载）。通过认识基本图标类别、熟悉常用图标、分组来了解绿地图的制作流程。

2. 教师给每个小组发一张简易的校园平面图，请各小组根据自己的印象把校园绿地图绘制完成，然后大家交换展示自己小组的作品。

通过初步绘制绿色地图，让儿童了解自己对周围生态环境的关注程度。

3. 各小组到校园中调查，看看自己画的校园绿地图是否正确，有没有新的发现？哪些地方还没有绿色？

　　把校园里的动植物和微生物当做"像人一样，有独立生命"的角度，引导儿童在不伤害任何一种生物的前提下，去观察和调查，使儿童在实践参与的过程中发展面向可持续发展的基本知识、技能、态度、情感、价值观和道德行为。

　　4. 根据调查结果，绘制一张正式的校园绿地图。

　　可采用教师带领儿童在校园巡查的方式，引导儿童发现原来自己忽略的校园绿色或者儿童认为还可以再改进的校园死角。教师也可鼓励儿童创造他们认为学校与众不同的图标，与常用的绿地图标准图标相区别。

　　5. 根据绿地图找到校园环境的缺陷，然后大家一起商量，制订出改善校园环境的计划，增加校园的绿色。

　　在讨论绿地图的作用和绘制的意义时要着重引导儿童讨论校园的绿色植物对于学校的生态环境和师生身心健康的价值，进一步理解人与自然息息相关的密切联系，激发儿童自己动手改善校园环境的热情。

　　6. 在争取到学校的支持后，从最容易做到的事情开始，按照计划开始改善校园环境的行动。

　　儿童可通过了解校园环境问题的产生和改善，学习环境保护的知识，理解人与环境的关系，参与校园环境的改善，提高环境素养。如果想更好地体现"儿童参与"，可让儿童按照自己的喜好，选择自己要了解的、观察的区域去绘制绿地图，而不仅仅局限于校园。

### ⑥ 设计我的绿色校园

　　对象及人数：三年级以上儿童，20 人以上。

时间及地点：室内、校园的一角或中心花园，90 分钟。

**一、背景概述**

这个活动试图通过帮助儿童真正以探索的精神、平等的心态，像建立自己的团队一样，与动植物和微生物交朋友，用协调它们生存环境的方法，建立一个适合校园的"生态园"。在活动过程中，儿童不但了解"生态园"的基本特征，而且了解了与他们生活密切相关的其他事物，在了解的过程中，充分理解探索、尊重、公平、关怀、保护这些抽象的概念。

**二、材料**

尺子、计算机、照相机、调查问卷、饲养动植物所需工具。

**三、步骤**

1. 调查校园土地面积，将结果填入表中（单位：平方米）。

| 学校占地面积 | 教学楼占地面积 | 运动场面积 | 其他面积 |
|---|---|---|---|
|  |  |  |  |

2. 调查儿童对校园及周围地区动植物的了解情况。

3. 调查校园内野草生长状况，并记录调查结果。

4. 将儿童分为两组，分别进行饲养动物、盆栽植物的实验。

5. 儿童从家中带来鸽子、鹦鹉、小鸡、兔子、鲤鱼、金鱼等适合在校园中饲养的动物进行试养；用回收废品的钱买来大豆、向日葵、蓖麻、丝瓜、牵牛花、菊花、串红的种子；从家中移植一些盆栽植物。

6. 分组定期加以管理，给植物浇水、施肥（肥料要施有机肥）、杂草不能除，要修剪；给小动物喂食，打扫卫生；咨询专业人员有关动物防疫问题，对动物进行防疫处理。

7. 每天观察动植物的生长变化，做好观察日记。

表1　调查校园内已有的树木，并给它们挂牌

| 名称 | 科 | 原产地 | 用途 |
|---|---|---|---|
| 1. |  |  |  |
| 2. |  |  |  |
| 3. |  |  |  |

表2　统计校园内及校园附近常见的动植物

| 鸟类 | 昆虫 | 鱼类 | 植物 | 蔬菜 | 花卉 |
|------|------|------|------|------|------|
|      |      |      |      |      |      |

表3　选出适合校园内生长的动植物

| 动物 |  |
|------|--|
| 植物 |  |

8. 根据以上调查和实验，给学校领导交一份建立校园生态园的计划书，具体做法如下：

（1）建小池塘

把校园内一角挖深，底部垫平，铺上防渗水的材料（水泥、塑料布）；放入泥土，种植水生物，净化水质；放养鲤鱼或金鱼。

（2）建植物园

在校园四周，把水泥地揭开，换上肥沃的土壤，种植各种植物；同时可利用盆栽法，种植多种花卉；形成四季常绿，三季有花。

（3）建百草园

用砖或栅栏将校园一处的野草圈起来，保留校园此处的野草，任其生长，同时保护里面的昆虫等小动物。

（4）建动物园

养殖适合校园环境的小动物。

（5）建蚯蚓垃圾消纳场

建蚯蚓适宜的生活场所，用剩饭、剩菜、废纸、树叶养殖蚯蚓。

【活动引导提示】

1. 体现生态道德品质和相关的价值取向之处

这个活动从引发儿童关注我们的校园环境开始，教师要以对待"人"一样的心态和语言，来引导儿童对校园环境的关注，也就是首先要转换"视角"，即从看"固定不变的死物"的角度，转换为看"一个个有独立生命的活物"的角度。

然后就是指导儿童在调查的时候要用不伤害任何生命、不打扰它们生活的方法去调查。最后，儿童根据自己的调查和实验，分享自己的收获，并提出合理的建议，帮助学生感悟到：

● "生态园"中的每种动植物和微生物都有自己的生存价值，不应该以人的好恶来判断它们是有益的，还是有害的。

● 尊重意味着不能够打扰它们的生活，不能伤害它们，要让它们按照自己的方式自由自在地生活。

● 保护就是要维护它们的生活环境，不去破坏或阻止别人破坏它们的生存环境，按时给它们施肥、浇水、整理杂草，让它们在更好的环境中生存。

2. 对活动方法的解读

这个活动采用了调查和实验的方法，通过调查学校周围的动植物，让儿童用感官去了解学校生态环境中，适合生存的动植物种类，然后通过自己动手建立和保护"生态园"的活动，让儿童建立对"生态系统"的直接经验，直观地了解和体验生物之间相互依存的关系，之后通过观察"生态园"中的变化，加深自己对"生态系统"的认识，最后，在教师的帮助下，大家讨论得出合理的建议，提升儿童对"保护生态环境"的理解。

其中最关键的是，教师可进行指导，分享自己对"生态园"的理解，但教师不能代替儿童，儿童必须自己完成整个过程。

3. 强化儿童参与，灵活运用本活动的建议

本项活动是建立生态园，其实可用相同的方法研究任何地方的任意几种有生命的物种。关键是，活动中体现的价值观和对生物之间关系的理解。如果想更好地体现"儿童参与"，可让儿童自己选择要调查的研究对象，而不单单局限于校园的"生态园"，这样会大大提高儿童参与的积极主动性。

另外，这个活动还适用于一些"绘画"，以个人或小组为单位，画出自己认为理想的校园环境或小区环境，完成之后，大家还可进行讨论，归纳总结出合理的建议，并反映给相关部门。

# 后　记

　　中国儿童中心于 2008 年设立并在全国推行的"全国少年儿童生态道德教育计划项目"（以下简称"生态项目"），以生态教育为内容，儿童道德发展为目标，开展对未成年人思想道德建设的进一步探索。"生态项目"通过研究、培训、实践活动、基地建设等方式，联动家庭、学校和社会，开展少年儿童的生态道德建设，在促进儿童发展的同时，也试图进一步探索校外教育与教学的规律，创新校外教育教学的模式，并促进教师的专业发展。

　　"生态项目"开展以来，中国儿童中心成立了专门的研究团队，邀请了教育学、生态学、心理学等方面的专家及一线教师参与进来，对儿童生态道德的理论和实践进行了积极的思考，并在实践中进行了持续的研究与反思。三年来我们有了一点积累和思考，本书即是我们实践探索的初步成果。

　　全书分为正文和附录两个部分。正文第一章"我们的目标"由霍雨佳撰写；第二章"行动的理念"由朱晓宇、霍雨佳、王润洁撰写；第三章"行动的途径"由霍雨佳、谢娟、王瑛撰写；第四章"我们的行动"和附录部分由韩静、周又红、刘克敏、刘建华、侯利伟、赵溪、闫莹莹、马兰、岳蕾、李岗、崔雪等撰写。

　　本书的编写和修订过程中，得到了多方人士的真诚帮助和有益的指导，中国儿童中心丛中笑主任、苑立新副主任、赵泽生副主任，中国青年政治学院陈涛教授、何玲副教授，北京市西城区教育科学研究中心林春腾教授，北京师范大学易进副教授、丁道勇博士等都提出了十分中肯和真挚的修改建议。本书由霍雨佳、朱晓宇、韩静统稿。

　　本书的成稿，更是在全国多家校外教育机构及相关部门的共同参与、支持并将其宝贵经验与成果的分享中实现的，它们是：国家环保部宣教中心、国家林业局宣传中心、中国野生动物保护协会、北京南海子麋鹿苑博物馆、北京市西城区青少年科技馆、北京市朝阳区青少年活动中心、上海市科学育儿基地、贵州省妇女儿童活动中心、湖南省妇女儿童活动中心、新疆儿童发展中心、长春市妇女儿童活动中心、江苏省妇女儿童活动中心、青岛市妇女儿童活动中心、武汉市妇女儿童活动中心、沈阳市儿童活动中心、黑龙江省儿童中心、吉林省妇女儿童发展中心、无锡市少年宫、武汉市青少年宫、山东德州妇女儿童活动中心、广西妇女儿童活动中心、内蒙古妇女儿童活动中心、兰州市少儿活动中心、广东东莞市儿童活动中心、山东省妇女儿童活动中心、河北省妇女儿童活动中心、宁夏少儿活动中心、内蒙古阿尔山科协、北京朝阳区绿家园环境科学研究中心。另外，本书所涉及的相关内容也作为课题申报为北京市哲学社会科学"十一五"规划项目（项目编号：10BaJY073），得到了北京市社会科学规划办公室对项目的支持。在此，一并表示感谢！

　　本书是一次实践中的尝试与探索，希望可以为儿童生态道德教育的实践提供一些启发和支持，能够为儿童思想道德教育并及中国校外教育事业作出自己的贡献。但由于项目组能力有限，书稿难免存在不足之处，真诚期待着业界同人和广大读者不吝指正。

中国儿童中心
2011 年 10 月